嵌入地方的市场：
对一个西南村镇集市的人类学考察

QIANRU DIFANG DE SHICHANG:
DUI YI GE XINAN CUNZHEN JISHI DE RENLEIXUE KAOCHA

张 琪 著

西南财经大学出版社
Southwestern University of Finance & Economics Press
中国·成都

图书在版编目(CIP)数据

嵌入地方的市场:对一个西南村镇集市的人类学考察/张琪著.—成都:西南财经大学出版社,2022.8
ISBN 978-7-5504-5530-6

Ⅰ.①嵌… Ⅱ.①张… Ⅲ.①乡镇—集市—研究—西南地区
Ⅳ.①F724.3

中国版本图书馆 CIP 数据核字(2022)第 162208 号

嵌入地方的市场:对一个西南村镇集市的人类学考察

张琪 著

策划编辑:邓克虎
责任编辑:邓克虎
责任校对:乔 雷
封面设计:何东琳设计工作室
责任印制:朱曼丽

出版发行	西南财经大学出版社(四川省成都市光华村街55号)
网 址	http://cbs.swufe.edu.cn
电子邮件	bookcj@swufe.edu.cn
邮政编码	610074
电 话	028-87353785
照 排	四川胜翔数码印务设计有限公司
印 刷	郫县犀浦印刷厂
成品尺寸	170mm×240mm
印 张	9.75
字 数	119 千字
版 次	2022 年 8 月第 1 版
印 次	2022 年 8 月第 1 次印刷
书 号	ISBN 978-7-5504-5530-6
定 价	58.00 元

前　言

　　十年前，笔者对渝西和川东南交界地区的村镇集市进行过一次田野调查，得到了关于集市与农村社会、经济、百姓日常生活之关系的些许浅见。那时的集市跟笔者记忆中儿时的集市还没有太大的差别，天还未亮，便能在迷迷糊糊间听到街道上商贩们窸窸窣窣的摆摊声；太阳冒出山头时，农市、菜市早已人头攒动，鲜嫩的蔬果、农家养殖的土鸡土鸭会在第一时间被一抢而空；时间来到九十点钟时，街上的主干道被挤得水泄不通，各类摊贩的吆喝声此起彼伏；到了中午，赶集者们大都散去，剩下一小撮人逗留在茶馆和酒馆里，对于他们而言，这才是赶集的"最高目标"。

　　十年后的今天，村镇集市所面临的社会条件发生了大幅变化。随着城镇化从省城和市域范围溢出到了县域一级，渝西和川东南交界地区的村镇人口进一步减少，村镇上的超市也能在平日里提供比以前丰富数倍品种的商品。此外，网络购物也悄然成了村镇居民购物的主要渠道之一。在这样的趋势下，村镇集市的功能性必定有所减弱。但是，其减弱的缓慢程度不仅大大出乎意料，而且在某些方面还焕发出了新的活力。例如，笔者所调查的这个村镇集市，在乡村振兴的背景下，随着乡村旅游的升温和城市居民对"土货"食材的越发青睐，集市上特殊旅游商品和本地的农产品交易变得越来越红火。与此同时，众多从村镇里出走的人带着对集市的童年回忆，开始用文字和影像认真地记录起集市的种种。公众号上描绘集市老行当的抒情小文也好，视频平台上的赶集直播也罢，都意欲将集市塑造成一种承载乡愁与人情味儿的文化符号。

农村集市一边延续着它传统的生命，一边与经济社会最新发展积极接轨，一边产生着更多的文化意涵。至少在当前，我们仍然看不到农村集市退出历史舞台的可能性。这促使笔者在十年之后重启该项调查，希望能够拓展对农村集市功能性及其内在支撑的认识与思考。

农村集市的"热闹依旧"源自它的不可或缺性，而这种不可或缺性又源自它在社会与经济发展所处的阶段。对于满足农村居民的日常生活所需，维系城乡之间的商品流动与物资交换而言，农村集市仍然是积极有效的。只要这些功能一天不消失，就说明不被视作严格意义上的商品经济的农村集市交易，对于农村地区（至少在西南农村地区）的基层经济而言仍然是一种重要的补充。然而，我们当前对于农村集市的关注基本集中在功能论的角度上，甚少思考这样一个问题，即农村集市何以正常发挥它的基本功能。换言之，农村集市是如何有序组织和运转起来的？如果我们不能细致地探究其中的逻辑与机制，便无法很好地探讨集市长盛不衰的内在基础。这个问题不仅涉及集市上的交易是如何发生和实践的，还涉及集市在时间和空间维度上的安排与配置。

正是在探讨农村集市如何有序组织和运转起来的过程中，我们不仅看到了集市与乡村社会基础和文化场域之间的适应与匹配，而且理解了集市因嵌入后者而成为农村经济与农村居民生活的必要一环。将此研究放置经济人类学的话语脉络中，有助于我们从地方性的个案中思考更多关于经济的实质，并反思深埋在经济研究里的文化中心主义。

张琪

2022 年 6 月

目　录

第一章　绪论

第一节　研究缘起与研究问题

一、研究缘起

中国的农村集市素来是多学科领域的研究焦点，这与它对中国乡村社会生产生活的支撑与促进作用无法分开。中国的农村集市源远流长，从母系氏族公社的物物交换市场到父系氏族公社的简单商品交换市场，集市建构的核心基础——交换和交易行为已经成为初民社会的功能性组成部分；农业的继续发展、手工业从农业生产中分离出来则对交换和交易行为提出了长久化运作的要求，这启动了夏商时期公社市场向固定地点集贸市场的转化和生成①。随着时间的推移，城市与城市群逐渐形成，城市与乡村之间的社会性分野逐渐明晰起来，集市贸易也随之出现了城市集市和农村集

---

① 龙登高. 中国传统市场发展史 [M]. 北京：人民出版社，1997：3-14；石忆邵. 中国农村集市的理论与实践 [M]. 西安：陕西人民出版社，1995：103-105.

市的分层。农村集市的买卖活动主要是小生产者"日中而市，交易而退，各得其所"的"便民事"之活动，其常规化的历史可溯至秦汉时期，随着唐宋对"坊市"的废弛，农村集市如"会市""草市""墟市"之类型发展迅速，到了明中叶后期，随着商品经济的大规模发展，农村集市贸易迈入兴盛①。除因物资所需而发展起来的农村集市外，以庙会为基础的集市也是中国农村集市的基本形式之一。但随着时间的推移，到了近代，庙会集市的宗教色彩逐渐减弱，集市的经济功能逐步从社会功能中分离出来，得到了更为专业化的发展②。

告别近代，中国农村集市进入现代历程。1949—1966年，农村集市经历了"传承与发展时期""社会主义改造对集市贸易的压制""全面集体化夹缝中的求生"以及"三年困难时期之后的短暂春天"四个阶段③。20世纪六七十年代，全国各地的农村集市曾被当作"资本主义尾巴"而遭到压制或取缔，以前的天天集变成定期集、全日集变成日中集或者露水集（天不亮便开始赶集，天不明成市，天明不久即散），不仅整体交易规模被大大压缩，甚至个别商品的交易只能以"鬼市""黑市"等不健全的形式存在。但是就当时的生产力水平而言，如果不依靠民间自发的物资交换，全然依赖制度性的资源分配，并不能满足广大农村地区老百姓日常的物资所需。因此，尽管彼时的农村集市受到压制，但集市交易并没有销声匿迹。为了满足基本的物资需求，农村地区的交易总会在夹缝中以出其不意的形式出现。1976年的全国数据显示，当时农村集贸市场仍有29 227个，

---

① 许檀. 明清时期农村集市的发展 [J]. 中国经济史研究, 1997 (2)：21.

② 李正华. 乡村集市与近代社会：20世纪前半期华北乡村集市研究 [M]. 北京：当代中国出版社, 1998：67-74.

③ 马永辉. 1949—1966年苏北农村集市贸易变迁 [D]. 北京：中共中央党校, 2005.

成交总额达到 105 亿元。

　　进入改革开放时期，中国的经济体制发生了根本转型，特别是家庭联产承包责任制的实施，使得农副产品的生产进入新一轮高增长阶段，物资充沛之下农村的集市贸易也日渐活跃。1992 年，中国确立了建立社会主义市场经济体制的目标，作为社会主义市场经济"摇篮"的集市贸易迎来了建设的第二个高潮。1993 年年底的数据显示，全国农村集贸市场有 66 551 个，成交总额达到 2 781 亿元①。

　　农村集市从其滥觞之际到 21 世纪，虽然历经起伏，但显示出波澜不惊的稳定性。时至今日，农村集市贸易在中国各地仍然随处可见，特别是西南地区的农村集市，其热闹程度依旧可观。尽管西南地区的城镇化脚步从未停歇，市场经济的建设在不断跟进，互联网购物也已经得到了很好的普及，但就其现状而言，农村集市在短时间内还不会式微。以功能主义的逻辑来看，集市的稳定性既是源自农民的物质生活所需也是源自小农经济的内在要求，而集市内在的秩序性则是其经久不衰的保障。虽然在经济学的视野中，农村集市活动不能算是严格意义上的商品经济，小农性质的生产者与商贩只是在国家主导的工商业边缘从事经营活动，是一种前资本主义的经济行为，其目的仅仅是维持生存或者是补贴生活所需，而不在于创造收益，积累资本；但不可否认的是，当前农村市场已经被纳入社会主义市场经济体系之中，成了与严格意义上的商品经济共存的经济组成部分。所以，当前中国的农村集市交易一方面是小农社会个体经济特质的延续，另一方面也符合社会主义市场经济的元话语，接受国家的指导与改造。

　　然而，不管怎样，集市交易的顺利进行都必须要有一个基于市场本身

---

① 石忆邵. 中国农村集市的理论与实践 [M]. 西安：陕西人民出版社，1995：110-112.

的规则体系做支撑，来保障集市功能的发挥与集市生命的延续，这一点与任何形式的市场别无二致。对于一般性的市场经济而言，市场的运转一方面依靠市场规律这双"看不见的手"，另一方面依靠"第三只手"的监管与调节，即以国家为依托的正式的法律法规与行政命令。而对于中国西南地区的农村集市来说，除了一般性市场所依赖的基本规律和正式制度，其有序的组织和运转还依赖着一套生成于乡村社会与文化机制中的非正式制度框架。广泛分布却又有规律可循的农村集市大都是经过成百上千年，由老百姓基于日常生活的物资所需，在地理因素的作用下慢慢自发形成的。所谓自发，其背后必然有一套形成于地方场域中的非正式规则做保障。换言之，农村集市本就是非正式制度治理之下才可能形成的一种市场形态。因此，分析中国农村集市的运转逻辑，不能仅仅将其看作纯粹的物资交换场所，而要将其放置乡村社会与文化的整体中；不能仅仅以基于正式制度的市场经济之完善性作为衡量集市交易是否具备秩序化可能的标准，而是要着重挖掘其他有助于生成集市秩序的民间力量，从其身处的中国农村地区的"时空条件"与"社会文化环境"出发，充分理解其能够发挥市场功能，在一定程度上推动乡村地区经济发展的原因所在。正如卡尔·波兰尼（Karl Polanyi）所说："历史学和民族学已经了解到了各种各样的经济，而且其中的大多数包含着市场制度，但在我们这个时代之前没有任何一种经济，哪怕仅仅是在大致上，是由市场来控制和调节的。"[1] 由此，制度主义经济学强调国家力量的控制和调节，人类学与社会学则看重正式制度之外的各种社会基础与文化因素。本研究正是将一个农村集市放置其所在的乡

---

[1] 卡尔·波兰尼. 大转型：我们时代的政治与经济起源 [M]. 冯钢, 刘阳, 译. 杭州：浙江人民出版社, 2007: 38.

村社会与文化的整体中做考察，呈现集市的独特秩序形态，进而从有别于经济学和制度主义的视野出发，分析其生成机制和实践逻辑。

中国的农村集市关联的是中国的农业社会。"农业社会"这一概念包容着经济生活、社会组织和文化意识的多重内容，它的一端关联原始经济的分析，另一端则更为紧密地缠绕进现代经济的分析中。经典时期的西方人类学所研究的社会都是远离西方世界的前资本主义社会，尽管这些地区因为已经卷入全球化而不可避免地被强加上"现代性"的烙印，但是与靠工业主义和军事主义起家的西方世界相比，它们与西方标准的现代化还相去甚远。这些研究成果中有很大一部分便是紧扣农业社会主题的，包括对农业生产、乡村社会的信仰和仪式、政治组织与社会结构的研究。因此，本书选择一个当下跨越小农、国家与现代性三重话语的农村集市作为研究对象，继承的是人类学特别是经济人类学对农民经济与社会的分析，坚持着前人"以更广阔的社会背景来赋予农业社会和农民经济之历史重要性，从而为经济制度的比较以及社会的发展变迁理论做出贡献"的研究进路[1]。

中国的人类学从一开始便一以贯之地关注本国的农业社会和村庄生活，也是凭借这类研究成果，中国的人类学在国际上拥有着一席之地，如费孝通先生的《江村经济》被认为是世界人类学发展中的一个里程碑，因为它将人类学的视线第一次完整地移到了一个拥有数千年历史的文明国家身上[2]。进一步讲，它是将人类学的视线移到了一个早已步入"文明"时代的"农业国家"身上。从 20 世纪 30 年代的学科兴起到西南联大时期的第一次研究高峰，从 20 世纪 80 年代学科重建再到回访研究成果的集中产

---

① 陈庆德. 农业社会和农民经济的人类学分析 [J]. 社会学研究, 2001 (1)：51-62.
② 费孝通. 江村经济 [M]. 北京：商务印书馆, 2001：13.

出，中国的人类学无一不是以本土乡村社会为田野对象。可以说，中国人类学走的是乡村路线①。这种"乡土性"源自两个方面：一是中国传统社会的本质化存在。"乡土"两个字不仅指作为社会基层组织和生产单位的乡村，更重要的是指传统的伦理观念以及"家—国"同构的关系规范，中国传统社会的日常生活就建立在"乡土性"的观念和规范之上。二是对"乡土"的迷恋也是历史文化使然，因为人类学想从中看到的不仅是社会的根本事实和运作逻辑，还意欲借此书写民族主义，寻找中国社会的变革动力和文化价值的新型表达机制②。故而，本研究也是在试图继续践行中国人类学对于乡土社会传统的不懈关注。

二、研究问题

本书的研究问题是"农村集市是何以有序地组织并运转起来的"，探讨市场的组织和运转离不开对市场秩序的基本理解。市场秩序的定义可谓众说纷纭，特别是经济学领域的研究文献里，围绕市场秩序的含义和作用的讨论一直争鸣未定。尽管经济学对市场秩序的定义首先撷取的是商品交易的关键内涵，着眼在与产品有关的各个环节上，如生产秩序、流通秩序、分配秩序和消费秩序等，或者与交易有关的各个环节上，如价格秩序、支付与结算秩序和物流秩序等③，但同时也并不拘泥于此。随着经济学的发展，社会作为一种无可规避的结构性力量也被纳入思考，研究者开

① 徐杰舜. 人类学中国乡村学派初论：从费孝通林耀华先生百年诞辰谈起 [J]. 学术探索，2010 (6)：71-77.

② 杜赞奇. 地方世界：现代中国的乡土诗学与政治 [J]. 褚建芳，译. 中国人类学评论（第二辑），2007：21-50；王铭铭. 走在乡土上：历史人类学札记 [M]. 北京：中国人民大学出版社，2003：215-242.

③ 袁礼斌. 市场秩序论 [M]. 北京：经济科学出版社，1999：3-8.

始注重政治、经济、文化的方方面面对市场的作用力，探讨政治控制、经济规范、文化调节所塑造的市场，这成为后来经济学中的一项主流研究。例如，旧制度主义经济学倡导的是以经济个体为支点的个人主义式的制度作用，新制度经济学则认同经济决策中风俗、习惯、利他主义以及非理性行为的作用，是类似于人类学整体主义式的制度视角①。依据这样的旨趣，进而有人将市场秩序定义为："市场秩序是市场经济体系中各类市场的主体和客体的规范化状况及各类主体在经营活动中对市场经济中的各种规则和公共习惯的认同和遵从状况。"② 可以说，当前主流经济学所定义的市场秩序，已经有着丰富的人类学内涵，坚持整体论立场的人类学视角是可以为研究市场秩序提供洞见的。

这里，我们援引已有的概念表述对"市场"做出定义："我们把市场定义为一套社会制度，其中大量的特种商品的交换有规律地发生，并在某种程度是受到那些制度的促成和构成。简而言之，市场就是组织化、制度化的交换。"③ 有特定形式的交换，就有市场的存在，市场要发挥其商品交换的功能，满足经济发展的需求，就必须按照一定的方式被组织起来并接受制度（包括正式的和非正式的制度）的约束。结合于此，我们对市场秩序可以做这样的转化理解，即"由市场规律、正式制度与非正式制度共同形塑的市场运转的规范和有序状态"。根据上述对市场和市场秩序的理解，接下来本书将围绕交换及其相关制度梳理人类学中的相关研究。

---

① 杨海. 浅析新旧制度主义经济学的差异 [J]. 生产力研究, 2005 (1)：32-34.

② 市场秩序状况调研课题组. 当代中国市场秩序存在的问题、成因及对策 [J]. 教学与研究, 1998 (1)：15-19.

③ 霍奇逊. 现代制度主义经济学宣言 [M]. 向以斌，等译. 北京：北京大学出版社, 1993：208.

第二节　人类学视野中的"交换"

　　卡尔·波兰尼虽然是一位经济史学家，但他的理论建树可为回顾人类学有关交换的研究奠定基本框架。他认为我们生活中所谓的经济动机其实是源自社会生活，很多时候，逐利、报酬等概念都不出现在社会生产和分配中，此时社会生产和分配的秩序靠的就是"互惠"（reciprocity）与"再分配"（redistribution）两种行为原则在起作用。互惠是双方相互交换物质与非物质的东西，从对方那里获取所需，这既是维护生产和家庭生计的需求，也是由社会结构呈现出来的"对称"（symmetry）性而保障的；再分配是把劳动成果集中起来，经由头领或者头领组织进行逐级分配，保证每个人所得尽量相当，这是基于劳动分工体系以及社会防卫储备等需求而建立起来的，支撑再分配秩序的是"辐辏"（centricity）模式的社会结构基础。这些与市场经济相区别的交换模式并不局限于初民社会或者范围狭小的共同体中，并且也不能将它们视为一种简单化的结构，它们在某些社会中实则以规模性与精致复杂的方式存在①。

　　萨林斯（Marshall Sahlins）对波兰尼所称的互惠交换进行了仔细的研究与分类，他在《石器时代的经济》一书中将互惠分为了三种类型：概化互惠（generalized reciprocity）、平衡互惠（balanced reciprocity）与负性互惠（negative reciprocity）。概化互惠存在于关系亲密者之间，这种互惠性的

---

① 卡尔·波兰尼. 大转型：我们时代的政治与经济起源 [M]. 冯钢, 刘阳, 译. 杭州：浙江人民出版社, 2007：37-48.

交换不计较交换之物的实际价值，交换的各项客观条件如时间、地点等也不清晰，是"私人化"（personal）的交换；平衡互惠则显得不那么"私人化"，它对交换之物多多少少有精确计算，并且要求在较短时间内得到回报；负性互惠是最不"私人化"的，参与者双方尽量要以损耗对方所有为代价来取得所需，包括以奸计、偷盗甚至暴力来获取交换的胜利。通过对互惠类型的观察，可以对社会距离进行测量，概化互惠存在于社会距离近的社会主体间，平衡互惠所存在的社会主体间的距离则要大于概化互惠者，进行负性互惠活动的社会主体间的距离最远，由此可以画出一个三层分布的社会关系圈来①。

在波兰尼的论述中，马林诺夫斯基（Malinowski）所研究的特罗布里恩德群岛的"库拉圈"是其说明互惠交换的重要例证。马林诺夫斯基的此项研究在人类学的方法史上具有里程碑的意义，它第一次彻底地实践了"田野工作"并将其树立为人类学研究的重要的标识。在此著作中，马林诺夫斯基用了大量篇幅对特罗布里恩德群岛的大型互惠交换活动"库拉圈"进行了描述和分析。库拉交换分为内部交换与远航交换两个部分。内部交换之物是项圈和臂环两种作为财富的宝物，在每次交换中，每个个体都有一个固定的交易伙伴，伙伴与伙伴之间串联成为一个地域性的大圆环，项圈的流通是顺时针的，臂环的流通是逆时针的。外部交换之物除了项圈和臂环之外，还有附属的商品贸易。库拉宝物承载着仪典性价值、神圣历史的价值和集体情感的价值（先人之物），它是社会声望的来源。对于原住民而言，社会地位越高的人拥有的库拉交易的伙伴的数量越多，在

---

① MARSHALL SAHLINS. Stone age economics [M]. London：Tavistock Publications，1972：185-276.

交易中所得到的声望价值就越高。库拉交换过程中，人们展现着自己的财富、慷慨和声誉地位，围绕着库拉交换，一系列的仪式、巫术、禁忌都相应呈现出来。因此，表面上库拉交换是一种财富和附属商品的流通，而实际上是社会地位与声望的流通与确认，附着于宝物上的社会价值和文化意义才是支撑库拉圈运转的真正基础。

类似库拉的交换活动还有夸富宴（potlatch），它同样论证了非西方式的交换形式的存在。夸富宴是流行于北美多个印第安种族社会中的一种特殊仪式，同时也是一种经济现象。对于举行夸富宴的人而言，社会地位是生活中最重要的财富，它比物质更能够带给人实际的利益与精神满足，因而他们的经济交换通常不只是为了物质本身，而是将某种社会威望与地位绑定在交换行为上。夸富宴是一种宴请与送礼的盛大仪式，参加仪式者众多，包括主人的所有族人。出现在宴会上的礼品都非常奢侈，它代表其主人的财富，礼品越是贵重，就越能显露其主人的社会地位。在夸富宴的这种比较与竞争关系中，社会地位本来较高的一方，为了尽可能地保护自己的地位，会将宴席摆得极为盛大，甚至不惜牺牲掉一年甚至几年的食物积累，同时也会送出许多礼品；而社会地位本来较低的一方，为了尽可能地对地位较高者形成挑战，也会倾其所有设宴和送礼。看似没有任何的收益甚至是一种损失，然而附着在物质之上的社会地位和威望的互相昭示与夸耀才是最重要的，这种重要性不仅体现在精神的满足上，同样也体现在由地位和威望所带来的权力以及权力所带来的实在利益之上①。

作为法律人类学的代表学者，博安南（Bohannan）为我们描绘了提夫

---

① CODERE H. Kwakiutl society：rank without class ［J］. American Anthropologist，1957（3）：473-486；哈里斯. 夸富宴：原始部落的一种生活方式 ［J］. 李侠祯，译. 民族译丛，1986（6）：39-45.

人的物品分类：一是供赠送和物物交换的食物、家具、农具等；二是象征社会威望的奴隶、牛、仪式、医药、巫术、铜杆等；三是最有价值的女人。提夫人赋予这三类物品在社会中的不同意义和道德话语，规定只有同一类型的物品才可以交换，不同类型的物品之间由于其根本属性尤其是价值内涵的不对等性，其交换是不道德的。如用一位女性去换取食物，后者的低等属性对前者构成了羞辱和玷污，这是会被提夫人反对与制裁的行为①。提夫人的个案充分地说明"商品"除了其交换意义之外，被赋予的社会意义是更加重要的"上位法"准则。

上述研究表明，经济并不作为一个独立整体而存在，它"嵌合"于诸如亲属关系或宗教的其他制度中。在前现代社会，贸易与市场并不是必然存在的，即便存在，它们也是与种种混杂的关系交织在一起而"嵌入"社会中。经济嵌入社会的含义，不仅是说人类社会生活的各种要素错综复杂地交织于一体，也意味着在由这些制度性存在所决定的人类行为中，实际上潜伏着财物的生产、分配等经济功能。但这些制度，起初并不是以其"经济"上的功能为目的而存在的，它们在物理意义上对共同体生存的维持，只是其非目的性的结果。这些社会行为或制度性的存在，的确在结果上起到了向社会持续地进行结构性供给的作用，但绝不能从这种结果上来判断它们的含义。为了使这一过程真正存在，并发挥提供实现满足的物质手段的功能，所有这些散布于各种制度中的状态和要素，必须融合为一个确保其连续性和稳定性的机制。这些因素支配着有意识的个体行为方式以及人与人之间的关系，表达着社会结构及其运作逻辑的现状②。

---

① BOHANNAN PAUL. Some principles of exchange and investment among the Tiv [J]. American Anthropologist, 1955 (1): 60-70.

② 陈庆德，潘春梅. 经济人类学 [M]. 北京：人民出版社，2012：56.

莫斯（Marcel Mauss）的贡献则在于从礼物交换中提炼出"总体呈现体系"（système des prestations totales）这一概念。莫斯将人类社会中的礼物交换分作三个环节：送礼、收礼、回赠，每一个环节对于参与礼物交换的主体来说都是一种必须要完成的义务，它们共同构成总体呈现体系。该体系在长期的运行中不但形成了礼俗性质的契约，还形成了延伸的荣誉感、信用、慷慨等精神气质，礼物的交换不再是纯粹的物品交换，而是附带着人格、声誉以及社会关系的相互展现和识别，人们交换的不仅是物体，还是整个社会关系，因此礼物交换被称为"总体性社会事实"，礼物交换的总体秩序则是源于社会整体的关系结构，礼物交换的不竭动力来自维系社会关系结构的稳定之需。

在莫斯的基础上，也有研究者对中国社会中的礼物交换进行了专门研究，如阎云翔的《礼物的流动——一个村庄中的互惠原则与社会网络》和杨美惠的《礼物、关系学与国家——中国人际关系与主体性建构》都是以中国乡村社会的礼物交换为研究对象的典型代表。他们共同的研究旨趣在于，将礼物的交换与中国文化中固有的面子、人情和关系艺术相结合，来探讨私人化运作的民间政治经济权力与国家之间的关系。

结构主义的集大成者克洛德·列维-斯特劳斯（Claude Lévi-Strauss）将交换及其规则的探讨扩大到了社会的方方面面，他总结道："就任何一个社会而言，交换活动至少发生在三个层次上：女人的沟通、货物和服务的沟通、信息的沟通。出于这个原因，亲属关系的研究、经济学研究和语言学研究三者之间存在若干共通之处。"[1] 不过，克洛德·列维-斯特劳斯

---

① 克洛德·列维-斯特劳斯. 结构人类学（第一卷）[M]. 谢维扬，俞宣孟，译. 上海：上海译文出版社，1995：321-322.

最主要的关注点还是亲属关系的婚姻交换问题。他认为，女人交换和食物交换都是保障和表现社会集团彼此结合的手段，而集团的延续必然只能通过女人的作用来实现①。人类的乱伦禁忌导致了外婚制的需要，而所有婚姻制度形态的根本和共同基础是交换制度。再根据婚姻交换中的具体规则类型，他把婚姻交换分为三种基本表现形式：父母两方的旁系兄弟姐妹之间的通婚、姐妹之子与兄弟之女之间的通婚以及兄弟之子与姐妹之女之间的通婚。前一种叫作"有限交换"，交换双方面对的是整体性的有限开放的亲属结构；后两种则叫作"一般交换"，交换双方面对的是整体性的无限开放的亲属结构②。

上述关于一般性交换的经典研究共同指向了一个事实，交换往往不是单纯的经济行为与经济关系，而是与其他社会生活要素交织在一起的。交换不仅以社会和文化作为顺利开展的基础，而且社会与文化在很大程度上决定了交换的实践形式。

第三节　集市交换及其展开

国内外人文地理学、经济地理学领域内的学者很早就对集市交换进行了大量研究，有关农村集市发展的经济学、历史学方面的研究也不在少数。但这些成果较少以整体性的视角切入考察集市交换及其规则与社会文

---

① 克洛德·列维-斯特劳斯. 野性的思维 [M]. 李幼蒸，译. 北京：中国人民大学出版社，2006：119-120.

② 克洛德·列维-斯特劳斯. 结构人类学（1）[M]. 李幼蒸，译. 北京：中国人民大学出版社，2006：129.

化之间的内在联系，只是针对性地分析了与集市交换有关的集市分布、集期编制、贸易数据、农业发展、乡民经济等方面。人类学因其学科诉求注重了更多的整体性，通常将集市与社会基础、文化因素相勾连，围绕波兰尼所说的"嵌入性"展开讨论。

一、作为客体的集市

进路之一是探讨作为客体的集市本身如何嵌入社会与文化。例如，盖尔（Alfred Gell）考察了印度集市中的等级化安排，他认为交换中的商品价值和市场活动的等级划分传达了部落的实质社会结构，集市是一个理想化的象征表达机制，社会通过它折射其得以整合的观念体系，换言之，集市与社会本身具有同构性[①]。抑或是修蒙（Brian Schwimmer）对加纳集市的研究重在考察如"种族性垄断组织"等社会组织在物品交易与分配模式上的形塑作用，这说明组织的文化性建构对市场运行的影响，经济是"文化化"了的社会构件，经济形式与文化场域的关系密不可分[②]。再如费南（Timothy J. Finan）考察了巴西东北部的集市，指出在一个正式制度难以很好地起作用、国家本身的监管也难以到位以及交易关系本身异常复杂的市场中，由中介人所连接的互惠机制为市场交易和产品分配降低了风险，很好地诠释了蕴藏在文化中的信任机制如何作用于工具性危机的规避[③]。托普库（E. Ümran Topcu）关注的则是伊斯坦布尔的集市，他对集市上买卖

---

① ALFRED GELL. The market wheel: symbolic aspects of an Indian tribal market [J]. Man, 1982 (3): 470-491.

② BRIAN SCHWIMMER. Market structure and social organization in a ghanaian marketing system [J]. American Ethnologist, 1979 (4): 682-701.

③ TIMOTHY J F. Market relationships and market performance in Northeast Brazil [J]. American Ethnologist, 1988 (4): 694-709.

双方的赶集行为进行了分析，从空间和时间两个维度探讨一个区域内的集市如何通过时间和空间的互补性满足区域内人们对于物质的整体需求，同时他综合性地指出集市不仅体现了人们的物资需求和一个区域内商品经济的时空分布，还体现着当地的人口特征、教育传统、种族特征以及其他习俗和习惯等属性①。

相较而言，格尔茨（Clifford Geertz）的研究更为微观，他关注了使得集市交易能够达成的具体的社会文化机制。他认为集市上有着"老主顾"关系和"讨价还价"两种典型的信息搜寻和交易管理方式。集市比现代市场更为信息不对称，且没有完善的制度进行监管与调节，买家面对着更多不确定因素带来的交易风险，如集市上商品的价格往往并不能反映最真实的供求关系，可能存在价格欺诈。此时，人们偏向于做"老主顾"的生意，它类似于一种长期契约关系，买卖双方利用熟识的伙伴间的重复交换从而限制搜寻成本，使得交易过程中的信用和信息搜寻本身都纳入可管理的范畴。除了选择老主顾，买卖双方也会尽可能地采用讨价还价的方式来进一步排除价格欺诈的成分，最终的成交价格在很大程度上取决于个人的砍价能力，久而久之，这种讨价还价的行为方式和交易精神成为集市经济的一个典型特征，每个人都非常自然地参与其中，甚至热衷于讨价还价。这就构成了格尔茨笔下那种富含多层意义的"深度游戏"②。

在这一路径之下，同样有来自社会学、经济地理学等不同领域的研究者对中国的农村集市做了专门研究，产生了一些较为经典的论述。例如，

① TOPCU E U. Alternative shopping places: periodic markets in istanbul [C]. European Regional Science Association, 2006.

② 克利福德·格尔茨. 集市经济：农民做买卖时的信息搜寻 [A] // 马克·格兰诺维特，理查德·斯威德伯格. 经济生活中的社会学. 瞿铁鹏，姜志辉，译. 上海：上海人民出版社，2014：149-156.

斯宾塞（J. E. Spencer）在 1940 年发表的《四川的农村集市》一文中，考察了四川盆地的各种集市的集期、市场交易、人们的赶集方式等情况，认为农村集市是衡量当地经济繁荣度的有力指标[①]。而最为人熟知的则要数施坚雅（G. William Skinner）在《中国农村的市场和社会结构》一书中对中国农村市场所做的全面而详实的例证分析。首先，他将市场类型、市场中心地和市场属地三者联系起来对集市进行层级划分，共分为小市、小市所在地、小市属地区域、地区城市市场、地区城市和地区贸易属地区域六个层级，交换既分别发生在每个层级里，也发生在小层级与大层级之间，这是市场的等级结构秩序。其中，基层市场是承接商品向下流动的终点，中心市场处于战略性的地位，通常具有批量交易的职能，而中间市场在商品上下流动中处于中间地位。其次，施坚雅探讨了市场的周期性和集期，从中可以看到农村集市交换所遵循的时间规则。最后，施坚雅提出一种六边形市场结构的理想类型，认为在理想的状态即同纬度、资源平均的条件下每个市场的服务区域大致是"正六边形"的状态，以每一个基层市场为中心，周围分布着 6 个村庄，在第二层分布着 12 个村庄。该理想结构的提出是为了充分说明市场的分布是根据当地自然地理状况和集市交易服务的需要而形成的，揭示了促成市场空间有序化的非正式制度之外的自发性成因。

当然，施坚雅的研究志不止于此，他真正想要实现的是一个更为宏大与深入的目标，即提出中国的行政区系的结构是由市场区系结构推动形成的，人们社会生活的基本单位和国家管理的地域单位都是以集市为中心的市场辐射区，亦即市场结构是作为社会体系而存在的。在中国基层社会构

---

① SPENCER J E. The Szechwan village fair [J]. Economic Geography, 1940 (1)：48-58.

成单元的理论假说中，他认为中国基层的单个村落并不能完全满足村庄中的人和村庄本身的物质需要。也就是说，村落并非一个能够使得村民的经济生活和社会生活具有完备功能的基础结构单元，而真正可以满足中国农民家庭所有正常贸易需求、生活需求、社会交往和社会联结需求的其实是普遍的农村市场，人们围绕一个基层市场形成了"基层市场社区"或者是"基层市场共同体"，这样一来，农民的实际社会区域的边界不是由他所住的村庄的狭窄范围决定的，而是由它的基层市场区域的边界所决定的。

施坚雅秉持了人类学的整体主义，不仅将集市放入了整体社会中进行理解，看到了社会与文化因素对于农村市场运转和经济运行的重要性，而且还反其道而行之，看到了集市本身对于基层社会的组织功能。正是基于集市与社会的这种双向关系，施坚雅在这份研究的末尾对集体主义时期的集市发展历程做了回顾，他注意到新中国成立以来国家对农村集市的改造风波和由此造成的消极影响，借此说明集市组织和运转有其自身的逻辑所在，以此表达这样一层见解：农村地区经济运转的集市交换有其固定的习俗、规则和本位主义支撑，想要打破它而建构新的经济生产单位是注定要失败的，其背后的观点无非市场是嵌入乡村社会基础与文化场域中的。这是施坚雅对于保障农村集市有序运转和农村商品经济稳定发展的那套非正式制度的肯定。

中国学者对农村集市的运转秩序和社会文化机制的关注虽然较少，但具有较好的连续性。这方面的个案研究可以追溯到就读于燕京大学（现北京大学）社会学系、师从吴文藻的廖泰初。他于1946年着重分析了油菜和油菜加工产品的交易机制，指出在国家力量薄弱、工业化落后的农村，产品的整个流通过程依靠的不是我们现在所熟悉的市场经济的那一套有国家监管深度介入的正式制度体系，而是虽然不成熟但却对于当时当地而言非常有效的地方性模式①。刘盛和对山东聊城区域内集市的集期编制、等级体系，在集期和等级之上的时空协同，赶集人的交易行为与流动线路选择，集市经济职能与乡村发展的关系等方面进行了综合性的探讨，描绘出中国农村集市的一些普遍性特征②。

还有的学者沿着此路径扩展出了很多具有代表性的案例和分析视角。值得一提的有两部研究农村集市的著作和一篇论文，虽然它们分别属于政治学、社会学和人类学的学科领域，但在研究过程中都采取了人类学式的整体主义，给予与市场相勾连的其他结构性力量充分的关注。一是吴晓燕的《集市政治交换中的权力与整合——川东圆通场的个案研究》，她把推动集市交易、整合集市秩序的原因归结为政治权力、经济权力、社会权力、文化权力的合力，重点阐释了国家权力和社会权力对农村集市的模塑，延伸讨论了集市空间单位对乡村政治研究的意义。二是奂平清的《华北乡村集市变迁与社会结构转型——以定州的实地研究为例》，他从发展社会学的立场出发，以费孝通提出的"小城镇"发展模式为衡量标准，融汇集市所在的时空背景和社会场域的各个方面来查究农村集市转型迟滞的缘由，寻找农村市场内卷化的整体性成因并给出相应的前景展望。张小军、王思琦的《咸与权：历史上自贡盐业的"市场"分析》一文，将清代至民国时期的自贡盐业市场放置在政治、文化、社会和象征四个背景前进行历史人类学分析，从中看到商品交换的规则尺度是纠缠于除市场之外的其他社会秩序之中的，因此盐业市场可以分解为政治市场、文化市场、社

---

① LIAO TAICHU. The rape markets on the Chengdu Plain [J]. Journal of Farm Economics, 1946 (4): 1016-1024.

② 刘盛和. 我国周期性集市与乡村发展研究 [J]. 经济地理, 1991 (1): 79-84.

会市场和象征市场四个方面做分合式探讨，权力在其间交叠穿插，共同维持市场的有序运转①。

二、集市中的主体性经验

除了上述关注作为客体的集市如何嵌入社会与文化之外，第二条研究路径关注的是作为主体的集市上的人及其交换行为如何嵌入社会与文化，以及他们的主体性经验如何构成集市和地方的精神文化气质。该研究路径在中国农村集市研究中的运用较多，如陈文超通过集市场域中交易个体的主体性体验勾勒出一套有关农村物资交换的行动话语，即在整个集市中，人们之间的交换行为不像是一种理性人和经济人的纯粹交换关系，而经常建构出的"实践亲属"关系维持着个体的利益及集市的正常运转②。张春基于对鲁中地区周村大集的考察，从民俗学的角度出发认为，人们通过持续的空间活动实践所获得的感觉经验，不仅建构了集市的空间秩序，更重要的是形成了带有情感价值的地方感，并以赶集推演出的空间化思维来组织安排与之相关的日常生活。这一长期持续的实践过程，被内化为主体习以为常的行为模式与知识体系之后，逐渐成为一方民众的文化认同与价值理念③。在最近的一项研究中，宋靖野关注的是代表西南农村集市精神气质的茶馆，他认为茶馆不同于既有的"公共空间"范式，它并非一个表征自治、理性和反抗精神的政治空间；相反，茶馆作为人们相互交往的"表

---

① 张小军，王思琦. 咸与权：历史上自贡盐业的"市场"分析 [J]. 清华大学学报（哲学社会科学版），2009（2）：48-59，159.

② 陈文超. 实践亲属：乡村集市场域中的交换关系 [J]. 中共福建省委党校学报，2010（4）：70-76.

③ 张春. 基于"地方空间理论"的集市空间建构研究：以鲁中地区周村大集为例 [J]. 民俗研究，2021（2）：138-146.

演空间"、打牌消遣的"游戏空间"、谈论是非长短的"话语空间",其首要特征在于诗性(poetics),而非政治(politics)。茶馆不仅蕴藏了丰富的表演技术、游戏形式和话语策略,同时,也是联结自我与社会、结构与阈限、话语和实践的诗性空间①。

总而言之,人类学对于集市的认识可以概括为:"不是简单的市场,而是库拉圈、互惠场所、夸富宴的举行地,再分配的网结,社会的竞技场和文化展示的舞台"②。不论是关于集市交换及其制度体系,还是其他类型的交换及其制度体系,前人的研究都秉持了人类学的整体主义理念,关注了卷入交换这一经济过程中的社会过程与文化因素,以此勾勒出了集市组织和运转的大致逻辑。但是,集市的组织和运转究竟是怎么体现的,可做哪些方面的分类阐释,有着怎样的实践形态等问题没有得到更为细致的分析。尤其需要注意的是,无论集市的制度如何,源自哪里,它都必须通过集市上活生生的主体,也就是从事集市交易活动的"人"来起作用,最终建构出一幅秩序化的市场图景,而这在以前的研究中少有做微观呈现。再者,上述研究讨论集市嵌入社会与文化时只关注到了集市的交易行为如何受到社会与文化的影响和规训,但是忽略了集市的有序组织和运转不仅体现在交易环节上,或者说并不是仅仅存在有序的交易行为,一个集市就能组织并运转起来。人们还需要对赶集的集期进行安排,对摊位的使用进行分配,对集市的功能性空间进行划分,商贩们才不会在生意上有所冲突,消费者才能得到最优的购物体验,集市的交易功能才能得到最大化的发挥。本研究既针对交易行为本身,又针对集市的时间和空间安排,综合性

① 宋靖野. "公共空间"的社会诗学:茶馆与川南的乡村生活 [J]. 社会学研究, 2019 (3):99-121, 244.

② 王铭铭. 社会人类学与中国研究 [M]. 桂林:广西师范大学出版社, 2005:131.

地探讨集市是如何有序组织和运转的，其中起作用的那些规则嵌入怎样的社会与文化之中。

第四节　研究方法与篇章结构

一、研究方法

本研究从人类学"整体主义"的研究立场出发，运用参与观察、深度访谈和直接体验组成的"田野三角"的基本方法体系，对位于渝西和川东南交界处的"西镇"集市进行研究。由于本研究是笔者一项旧有调查的重启和继续，因此田野调查的时间主要集中于两个时间段，一是 2010 年前后，持续 3 个月；二是 2018—2020 年，累计超过 3 个月。

西镇是笔者亲属所居住的场镇，从小到大，每逢寒暑假笔者总会去西镇走亲戚，跟着他们到西镇和周边场镇赶大大小小的集。同时，笔者自身也来自西南地区，从小便有着对于西南地区乡村集市的观察与切身体会。故而在某种程度上，这项研究类似于一种家乡人类学，不过，这同样需要一个类似陌生人的进入田野的过程。首先，笔者虽然来自西南地区，但是所习得的知识、受到的文化熏陶不只来自这片区域；其次，笔者并非集市上的长期赶集者，与赶集者之间存在认知的张力；最后，总体来说，田野考察的主体位置不能被本质化为文化的真相所在。因此，在这里用"次家乡人类学"来定义本研究可能会更为准确，笔者在其中的身份则是一个

"次原居民"①。由于西镇集市是笔者从小到大一直接触的对象，因此参与观察和亲身体验的累计总时长实际上远远高于前述 6 个月的集中调查时长。

人类学研究范式与写作范式进入后现代主义的讨论范畴以来，其真实性和有效性受到了来自自身的诘问，使得人类学者不得不把田野过程中、文本组织中、学术背景中和全球化时代里所隐蔽的权力通通纳入考虑的范围，由此也认识到人类学所展示出来的文化是人类学者"写出来"的文化，以前所宣称的"真理"只是部分有效。而实际上，人类学不可能摆脱"部分真理"的困境，这是"人类符号有限性"的客观情况所决定的。不管是"科学意指"的文化分拆，还是"美学意指"的文化解释，人类符号表达的局限性本身就客观决定了对这个世界的把握有一定的阈值范围，而不可能穷尽所有事实，达到绝对真相②。实际上，这种情况无论对于人类学而言还是对于其他社会科学而言并无不同，"部分的真理"是所有社会科学都要面对的。所谓困境，并不妨碍人类学在社会与文化的研究过程中去接近科学性与真理性，我们需要的仅仅是一个漫长的过程和逐渐完善的比较。要达成此目的，人类学者还应该多寻求自身解释以外的解释，把握文化持有者观念中所认为的真实，注重研究者与被研究者的合作关系，将田野报道人的解释与研究者自己的分析相结合，用格尔茨的比喻就是"描写巫术时不能像个真正的巫师写的一样，也不能在分析巫术时像个几何学家写的那样"③。这种合作不必总是处于显性状态，根据客观情况，研究者应将合作目的掩藏，从主观上悬置研究者的身份，使得报道人与自身完全

① 张少强，古学斌. 跳出原居民人类学的陷阱：次原居民人类学的立场、提纲与实践 [J]. 社会学研究，2006 (2)：107-133，245.

② 朱炳祥. 社会人类学 [M]. 武汉：武汉大学出版社，2004：201-208.

③ 克利福德·格尔茨. 地方性知识：阐释人类学文集 [M]. 王海龙，张家瑄，译. 北京：中央编译出版社，2000：73-74.

平等，不去压抑对方的阐释空间。因此后面的行文中，有的访谈对象，笔者按照学术写作的基本要求提供了报道人姓名首字母的缩写，而有的访谈对象则是完全匿名的，这不是笔者故意将他们的姓名隐去，而是由于笔者要以消费者或者一个闲聊人士的身份与报道人随性交谈，不便询问姓名，也完全没有必要询问其姓名。

在人类学的各种成果形式中，民族志是最为主要的、最为系统性的、最能反映研究对象的一类，它是"对一个民族在持续一年（或几年）时间里鲜活的制度体系、知识体系、艺术体系和技术体系及它们支配的行为之描写。它是民族志者在其长时段田野工作时期被研究民族历史的一个横截面。作为一项力求完善的科学研究结果之著述，民族志不仅以被原住民的言行证实的材料为主要内容，而且必须在可能的范围内使用一切既存的历史文献和实物资料，以求最大限度地厘清民族志者田野期间认定的各种文化事实的前因后果；同时，作为描写的必然后续，它亦当包括对一个民族的文化事实和社会事实及其结构的分析，以及对该民族社会运作机制的揭示"①。本研究作为一项基于人类学价值立场和学科目的的民族志，共时性视角是笔者观察、描述与分析集市何以有序组织和运转的切入方式。

二、篇章结构

在后面的篇章中，笔者将用四章内容对西镇集市如何有序地组织和运转进行描述和分析。第二章是对田野调查对象——西镇和西镇集市做一个概况介绍，并扩展澄清应该如何辩证地看待从西镇个案出发做普适性研究

① 蔡华. 20 世纪社会科学的困惑与出路：与格尔茨《浓描：迈向文化的解读理论》的对话 [J]. 民族研究，2015（6）：37-58，123.

的可能。第三章是关于集市组织和运转的时间规则，主要描述集期的安排和摊位的分配，呈现市场主体如何有序进入和使用市场，从而为市场交易营造初始秩序的问题。第四章是关于集市组织和运转的空间划分，它关注各专门市场是如何划分集市的空间，形成一种独立运作、互不干扰的区位格局，以保障集市交易的功能完善性与整体性。第五章围绕着交易的秩序展开，考察集市上有别于一般性交易的特殊交易类型，描述市场主体如何规避交易的风险和解决交易的纠纷，从中窥探交易活动背后的社会与文化基础。第六章是结论与讨论，笔者首先总结了西镇集市如何有序地组织和运转的三个向度，探讨这套非正式的市场制度所体现的"地方性"，以及它如何嵌入乡村的社会与文化场域；其次结合以往学者的观点和自身的田野观察，讨论农村集市在当前仍然生机盎然、不可或缺的可能性原因；最后从经济人类学的形式主义与实质主义之争出发，借萨林斯的论述思考人类学对于西方中心主义的评判与反思。

第二章　田野概述

第一节　西镇的集市

　　本研究选取的田野地点是西南地区的一个场镇——西镇，它位于渝西和川东南的交界处，在行政区划上隶属于重庆市永川区。西镇在建制上是一个乡镇，镇上集市服务的对象主要是农村人口，交易的商品主要是农业产品和小商品，缺少集约化的乡村手工业生产，带动的贸易交易活动主要以周边农村区域为边界，是一个典型的"农村市场"。

　　1977 年的数据显示，西镇全镇面积 29.6 平方千米，距县城约 16 千米。全镇共辖 13 个村，2 个居民委员会，96 个社，总户数 4 970 户，总人口 18 144 人。全镇丘陵地貌，以浅丘为主，土地肥沃，气候温和；以农业为主，产双季稻、小麦、玉米、红苕；多种经营，包含种植蔬菜、水果，养蚕、养猪等。2008 年，西镇辖区面积扩大到 95.6 平方千米，其中耕地面积 3 141 公顷（1 公顷=0.01 平方千米，下同），退耕还林面积 493.6 公顷。按照 2009 年的行政区划，西镇辖 13 个村，87 个村民小组，1 个居民委员会，总户数 17 862 户，总人口 54 577 人，集镇人口约 1.6 万人，农业从业人员 25 832 人，其中外出 13 236 人①。至 2019 年，经过撤乡并镇之后，西镇的区域总面积为 93 平方千米②，下辖 1 个社区，13 个行政村（下设 4 个居民小组、87 个村民小组），西镇的镇街，即本研究的对象——西镇集市所在场街的常住人口超过 32 000 人③。

西镇属亚热带季风性湿润气候，1 月平均气温 7.3℃，7 月平均气温 27.6℃，无霜期年平均 317 天，年平均日照时数 1 306.7 小时，年平均降雨量 1 042.2 毫米④。这样的气温和降水使得西镇拥有较好的农业生产条件，也使得西镇集市上的本地农产品一直较为丰富，是如今讲求环保和原生态的县城居民购买各色"土货"的重要供应地。西镇境内河道属长江水系，境内的主要河道有先进溪、白果溪、凤桥溪、长坡溪、天星溪、荆竹溪和金门河等。如王笛所言，长江上游的集市即便从全国范围来看都是比较发达的，在生态上是高度稳定的，传统时期农民生活的很多方面都依赖于集市⑤。

在文化上，西镇一直延续着西南地区典型的汉族文化传统。春节一般从农历腊月二十三送灶神开始，陆续扫扬尘，贴门神、春联，吃团年饭，除夕守岁，守岁至年夜接灶神，烧子时香，放鞭炮迎新年。农历正月初一

① 永川县县志编修委员会. 永川县志［M］. 成都：四川人民出版社，1997：75-76；重庆市永川区人民政府. 永川区年鉴 2008 年卷［G］. 2008；重庆市永川区统计局、国家统计局永川区调查队. 永川区统计年鉴 2009［G］. 2009.

② 国家统计局乡村社会经济调查司. 中国县域统计年鉴·2019（乡镇卷）［M］. 北京：中国统计出版社，2020：443.

③ 中华人民共和国民政部. 中华人民共和国政区大典·重庆市卷［M］. 北京：中国社会出版社，2015：788.

④ 同③：786.

⑤ 王笛. 跨出封闭的世界：长江上游区域社会研究（1644—1911）［M］. 北京：中华书局，2001：232-234.

向长辈拜年，长辈一般要给小辈压岁钱。早饭吃汤圆、挂面，全家老小着新衣上街赶庙会游春。正月初二开始向较远的亲友送礼拜年或吃春酒，正月十二至十五玩火龙、放花筒，正月十五闹元宵，又称为过大年，正月十六开始春耕备耕，表示年节结束。清明节的主要活动是扫墓祭祖；农历五月初五端午节，家家包粽子、吃盐蛋、饮雄黄酒，门上挂菖蒲、陈艾，洗药水澡；农历八月十五中秋节，吃月饼、赏月、庆团圆、怀念亲人。此外，民间还有观花、照水、报犯、送花盘、测字、算命、隔夜修书等习俗①。

渝西和川东南大部地区称赶集为"赶场"，民国时期，永川县有 46 个场镇都有固定的赶场日期，每 10 天赶 3 场。比如，永昌镇是农历逢二、五、九日赶场，松溉镇是农历逢一、四、七日赶场，陈食镇是农历逢一、四、八日赶场。相邻场镇的集期互相错开，赶场的人可以今天赶这个场，明天赶那个场。一般大的场镇集市都利用祠堂、庙宇等设有固定的米市、杂粮市、牲畜市、鸡鸭鹅兔蛋市、竹木柴草煤炭市、土纱土布市、蔬菜市等。小的场镇集市多沿街或街头巷尾划段设市。对粮食等市场，政府设置管理员对交易活动进行监督管理。另外，还有一些坐商开的京果铺、药铺、杂货铺、肉案铺等，手工业生产者开的铁匠铺、木匠铺等，以及为集市服务开设的饭馆、酒馆、旅馆、茶馆、粑粑铺等。商人参加这种集市的是少数，但他们却常常利用手中掌握的信息和资金，压价收购，囤积居奇。

新中国成立初期，城乡场镇集市仍受少数人控制，抬价压价，投机牟利，影响物价稳定。1951 年以后，随着国合商业的发展和"三反""五

---

① 永川县县志编修委员会. 永川县志 [M]. 成都：四川人民出版社，1997：857-858.

反"运动的开展,以及粮棉油统购统销的实行,私商投机倒把和操纵市场的行为受到严重打击。1951年11月20日,永川县市场管理委员会成立,西镇等乡镇亦相继成立分会,以加强管理。新的集市贸易,有国家牌价的,按照牌价交易,没有牌价的,由买卖双方自由议价。国合商业为了维护生产者和消费者利益,利用合理价格进行物资吞吐调剂。1952年和1953年,集市贸易成交额分别占各年社会商品零售总额的65%和61.6%。1954年7月,全县建立了国家领导下的35个粮食市场,实行"卖有自由,买有限制,售不完的由国家收购"的措施。

1962年1月,全县开展集贸市场整顿,在"管而不死,活而不乱"原则指导下,全县农贸市场由35个增加到42个,城关上市品种由54种增加到177种,赶场人数由每天1 000人左右增加到7 000人左右。1962—1965年,城乡集市贸易成交额分别占各年社会商品零售总额的32%、12.7%、26.3%、15%。1978年之后,集市贸易管理逐步摆脱束缚,县委成立市场建设领导小组,印发《加强农贸市场建设,适应商品生产发展的通知》,规定党政相关领导亲自抓市场建设。接着,县政府印发《关于清还被占农贸市场的通知》,并于1982年恢复农村场镇10天赶3场的传统,同时还颁发了各乡镇集市场期的布告,使其逐渐回归本来面貌,从而恢复了往日的生机。

截至1983年年底,全县有集市52个,面积47 041平方米。1984—1988年,全县集资286万元,新建集贸市场37处,面积54 211平方米,其中简易棚盖市场31个,面积21 033平方米。1988年年底,全县集贸市场总面积共133 107平方米,基本结束了集市贸易长期沿街、沿路为市的历史,做到摊点归市,坐商归店。1988年,全县集市贸易中农副土特产品成交量达 2 793 万千克，比 1985 年增长 40.1%。由于城乡集市的发展，1988 年，集市成交额占社会商品零售总额的比重已由 1985 年的 28% 提高到 31%① （见表 2-1）。由此可见那个时期集市在当地乡村经济中的重要性。

表 2-1　永川县城集市贸易成交额统计表

年份	社会商品零售总额/万元	集贸成交额/万元	占社会商品零售总额/%
1952	1 232	800	65
1953	1 622	1 000	62
1961	4 199	826	20
1965	4 003	602	15
1984	19 173	4 968	26
1985	21 143	6 001	28
1986	27 028	8 231	30
1987	30 216	9 094	30
1988	37 342	11 425	31

以前县城里的一些场镇除有固定场期外，还利用传统节日、庙会开展商贸活动。比如，一年一度的春节（农历正月初一至十五），一般的场镇都要开展迎新春和庆祝元宵的活动，大的场镇还要张灯结彩，扎吹鼓楼，玩龙灯、耍狮子，开展大型的庆祝活动。在农历五月初五端午节，位于长江边的松溉、朱沱两镇，一般都要开展龙舟竞赛活动。一些大的场镇还有计划地举办庙会，如县城在农历五月二十举办城隍会，陈食镇在农历四月初八举办佛祖会，有的还在商贾活动清淡季节，有意地邀请戏班演戏"搬目莲""搬东窗"等来聚集群众，吸引商贩，繁荣市场。不过，这种传统

---

① 永川县县志编修委员会. 永川县志 [M]. 成都：四川人民出版社，1997：444-446.

后来逐渐淡化，庙会不再举办，但不少场镇为了繁荣市场，仍在举办传统节日的庆祝活动以促进物资的交流。1984—1985年，松溉和朱沱两镇在端午节都曾举办龙舟竞赛，吸引了几十里（1里=0.5千米，下同）甚至100里以外的商贩来此开展规模较大的物资交易活动。

西镇的集日分大集和小集，每两个小场之间穿插一次大集，在当地方言中称为"大场"和"小场"。大场之日，无论是商家、消费者还是到集市上寻求消闲的人都会更多，因为有的人在小场时并不来赶集，而是选择大场才出门。居住地离西镇镇街越远的人，越倾向于舍小场赶大场。当年关将至时，大场和小场的区分便会越发不明显。那段时期不仅人们购物的需求旺盛，每个集日都出门赶场的情况变得多起来，而且很多到外地打工的年轻人也回来了，他们不喜欢守在村子里，而是选择在集日里出来交朋会友。另外，放寒假的孩子们到了年关时期也会要家里的长辈们趁赶场带他们到镇上玩耍、购物。因此，人们都说年底赶场，场场都大，没有大小场之分。

每逢集日，早上六点左右西镇的街道上便开始有商贩摆摊，他们一边张罗着自己的各种货品，一边聊着家常，有说有笑。遇到大场，商贩们摆摊的时间会更早，五点过街道上便可以见到他们的身影。镇街的居民有时候也会去赶早，以便争取买到集市上最新鲜的东西。例如，夏季七八月份购买本地产的藤梨就得时间越早越好，晚了不仅买不到品相好的梨子，而且梨子被太阳晒过之后口感还会变差。早些年，水果的运输条件不好，镇上的水果供应不是特别充足的时候，藤梨就是人们最喜欢的水果，只要一上市，不到八点钟就会被一抢而空。又如，购买周边农民自家养的土鸡土鸭等也需要六点过就要到农贸市场，镇街上的居民不但面临相互之间的抢购，还得与县城里来镇上收购土货的商贩争夺。除了一些特殊商品的买卖必须要赶早外，正常情况下各路卖家和买家七八点钟才陆陆续续从周边的村落和其他乡场来西镇赶集，此时的集市才开始全面热闹起来。到了九点钟左右，街上已经一片沸腾，十点钟左右集市的热闹程度达到顶峰，十点之后，大部分买卖就基本上完成了。人们买到自己想要的东西之后，有的径直回家，有的则开始寻觅打发时间的休闲之处，直到中午才肯离去。年关时期，很多人会在镇上待到傍晚才启程返回村里。西镇主要街区见图2-1。

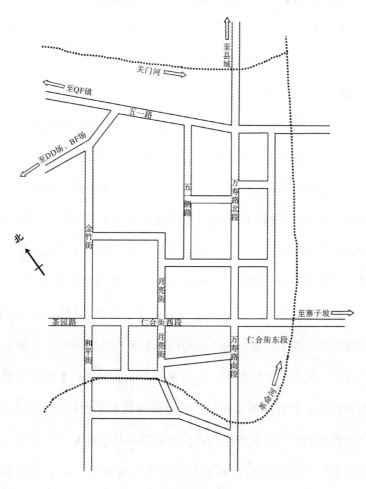

图2-1　西镇主要街区

在本职的交易功能之外，西镇集市和其他农村集市一样，也是亲朋好友见面联络感情的绝佳场合。人们或是三三两两聚拢在街边谈天说地，或是约着一起去往茶馆喝茶聊天，若是兴致高昂，到了中午再顺便到茶馆旁边的小餐馆吃一顿便饭，继续没有聊完的话题。不知道是这些餐馆选择在茶馆旁边开店，还是茶馆选了有餐馆的地方开张，总之西镇大部分的茶馆和餐馆都是挨在一起的，有意无意地联手起来做生意。伴着茶馆和餐馆而生的还有许多麻将馆，这些麻将馆在平日里是镇街居民消暇的常去之处，到了集日也同样会吸引周边村落和其他乡场来此的赶集者们。事实上，西镇集市上发生的各种趣闻轶事大都是从茶馆、餐馆和麻将馆里传播出来的。人们除了谈论一些张家长李家短的私人事件，也会谈论集市上不太常见的一些生意。例如，某一次集市上发生了一笔数额特别大的买卖，抑或某一次买卖的商品难得一见，如有人从山里挖到一些野生的名贵药材或其他特产拿到集市上来叫卖；又如，某人养出了一批肉质非常好的土鸡，被镇上的顾客和来自县城的收购商哄抢。除了集市上的生意，人们口中摆谈的也可能是发生在集市上的一些矛盾纠纷，其中大部分都是由集市上并不愉快的交易所引发的。常见的一些小纠纷如买家买到的货品质量有瑕疵，找到卖家理论时对方却不承认；又如，卖家给商品过秤的时候缺斤少两，之后却被买家发现了。复杂的一点的纠纷如某次赶场一位卖家跟一位买家本来约好了一笔交易，但是下一次赶场准备一手交钱一手交货的时候，卖家却因为有人出价更高而反悔了，或是买家找到了更便宜的货品而反悔；又如，卖家遭遇到买家久久拖欠货款而不得不托各种关系去催促买家，甚至是亲自上门找买家要钱，于是双方闹得不可开交。无论是好事还是坏事，虽然它们看似都是些不起眼的小事，但因为集市本身的规模小，且有相当一部分的老卖家和老顾客长期出现在集市，从而构成了一个只在集期出现的临时熟人社会，所以集市上任何一点有悖日常秩序的风吹草动都不会转瞬即逝，而是成为赶集者们的谈资。集市构成了农村居民在村落社区之外的另一个舆论场。

对于集市上一些闹得很"凶"的冲突事件，大家绝不仅将其当作日常的"八卦"进行传播，而是会在交流和攀谈中细细咀嚼这些事件中透露出来的人情冷暖和乡里关系。而笔者则从这些简单且重复的故事中听出了关于集市组织和运转的一些默认规则。这些规则可能是关于一个卖家如何选择集期才能赚到更多的钱，以什么样的方式才能占据更好的摊位，如何根据自己所卖的货品选择去往合适的集市区域，怎样才能与其他摊主保持更好的关系以更好地共用集市上拥挤的空间；也可能是关于一个买家如何跟卖家提前约定一次交易以便节省双方的时间成本，在某次赶集钱不够的情况下如何及时得到自己想要的东西等。

第二节　个案与普适

本书论述的个案是西南地区的一个农村集市——西镇集市，这个集市所处的是国家市场经济体系加速完善的年代，也是农村经济在小农生产与现代产业之间转换的年代。所以，西镇集市是一个横跨了"小农""国家"与"现代化"三重话语的个案。这种跨越体现在西镇集市依靠地方性色彩的非正式制度体系组织并运转起来，从而对国家话语下的乡村经济进行了很好的补充，匹配与适应了乡村社会现代化的阶段性发展状况。那么，西镇集市所呈现出来的这种秩序特征与角色功能仅仅局限于"西镇"吗？从西镇集市能否看到中国农村集市当下的整体面貌呢？

人类学一直以来既坚持文化的相对论，但也追寻普适性。"相对"和"普适"在笔者看来实际上并不矛盾。首先，前者要求的是对文化多样性的接受，对价值多样性的尊重，要求一种平等的眼光和心态，它不仅适用于人类学者，也适用于整个社会；后者的目的并不是要找到"人类相一致"的证据，而是让人领会不同种族、不同文化之间是有着某些共性的，它们之间可以相互理解、相互关怀、共同发展。人类学中经典的宏大叙事理论，从来都非常看重普适性，不过其所谓的普适是以西方社会与文化为标准。后来不论是结构主义、象征主义还是阐释学，虽然都以相对主义为准绳，且都对西方中心主义进行了深刻批判，但实际上它们的理论诉求背后同样隐藏着追求某种普适性的动机。关于这一点格尔茨就是很好的体现，他是阐释的集大成者，却一直试图提出关于社会与文化的普适性结论。这是各美其美，才能美美与共的道理。其次，相对于普适的学理讨论，在当前的社会语境下还可以具体化为"本土化"与"全球化"的关系探讨。相对主义者自然认为文化的发展必然朝着本土化、特殊化方向行进，普适主义者则认为全球化的趋同是势不可挡的。而实际上，本土化更多的应该是指社会文化的本土化，全球化更多的应该是指经济技术意义上的全球化，二者的对立见解在发生学上可以得到很好的消解①，时代的趋势也并不否认相对和普适可以共存。因此，人类学乃至所有社会科学研究中个案的独特性与结论的可推广性是可以衔接起来的。

---

① 朱炳祥. "全球化"与"本土化"相互关系的发生学阐释 [J]. 武汉大学学报（社会科学版），2002（5）：630-635.

虽然从个案到普适在逻辑上没有矛盾，但在信度和效度上是不是值得诟病呢？这实则又回到了人类学和社会学关于社区研究是否具备"科学性"的长久争论中。关于社区研究法的方法论问题，人类学家与社会学家一直都大方承认由于样本太多，不可能进行全面的调查，穷尽所有个案，这是人类学和社会学研究的先天缺憾。但是，这不代表我们无法做到从个案到普遍、以小窥大地进行探索研究。费孝通先生早年在就《江村经济》与利奇（Edmund Ronald Leach）的对话中曾回答过这个问题，他认为局部的确不能概括全部，但是局部是接近全部的一个步骤。研究一个个案虽然不能立即得出全貌便是如此，但是个案是一个珍贵的假设和比较项目，"中国有千千万万个农村，哪一个能代表中国农村的典型资格呢？可是人对事物的认识，总是从具体、个别、局部开始的"①，于是费孝通产生了是否可以分门别类地抓出若干种典型的想法。他将社区比喻成一只麻雀，认为只需要一个麻雀标本而不需要解剖所有麻雀就能了解麻雀这个种类的基本情况。费孝通的看法正如格尔茨所表达的那样，"人类学家研究的不是乡村，他们只是在乡村里做研究"②。我们应该如何理解费孝通和格尔茨的这种殊途同归呢？

人类学与社会学研究在面对个案结论的可推广性问题时，其实有自己的一套起码的"技术性保障"，它包含两条路径：第一，使用严格的程序和方法来保证所得结论能够最大限度地符合事实。这里所谓的程序和方法，简单地理解，就是科学的随机抽样和统计方法检验。第二，依靠研究者本身的理论水平和足够充足的现实经验来保证所选择的村落具有代表

---

① 费孝通. 江村经济 [M]. 北京：商务印书馆，2001：318-321.
② 克利福德·格尔茨. 文化的解释 [M]. 纳日碧力戈，译. 上海：上海人民出版社，1999：25.

性，这就要求研究者具备相当的理论素养与经验积累。仍然套用解剖麻雀的比喻来说，在解剖麻雀之前，研究者要有足够的知识储备，保证自己通过某些特征判断一只鸟就是麻雀而不是其他鸟类，即研究者首先需要运用一套分类和归纳体系，将麻雀这种物种与其他物种区别开。只有以此为前提，我们才可以说只需要解剖这一只鸟，便知道其他所有跟它特征相同的鸟是什么样。要做到分类和归纳，除了必须要有一定的理论水平外，还要有丰富而充分的现实经验作支撑，因此对社会调查和田野工作的要求必不可少。但是仅靠研究者的素养是不够的，我们即使选择第二条路径，仍然需要有一个客观性的前提条件，即研究者所认知的客体在一段时期内是大致稳定不变的，否则分类和归纳工作会受到严重干扰。而人类学研究的客体对象是社会和文化，它们受着民间话语和国家制度的双重塑造，无论是民间话语还是国家制度，即所谓的"小传统"和"大传统"，通常都具有较强的稳定性，或者说变迁都是缓慢而绵长的，因此在很长的时间之内，在不同区域所形成的社会结构及其运行模式应该是趋同大于相异的，存在某一种共性的"典型"。退一步说，即使社会在发生快速而剧烈的变化，甚至不同区域所发生的社会变迁不同，我们也可以将社会变迁作为一个变量条件来看待，从比较变量条件入手，那么由这个变量引致的社会结构的不同变化自然也可以比较。

实际上，当人类进入现代社会，这种个案的典型性问题是越来越容易被证实的，这意味着个案的可推广性越来越可靠。因为现代意义上的国家，借助科层制管理、信息技术等，其权力的触角可以轻易伸进社会的任何一个角落。在中国社会中，国家权力与基层的连接更为直接，社会的每个角落都打上了国家政策的烙印。必然地，这个社会中的每个地理意义上的或者行政意义上的社区都有着一定的政治的、社会结构的、文化上的共性。有了共性作为基础，在万千社区中寻找一个个案来扩展分析整个社会便合情合理。

费孝通的农民和农村经济调查便是一个很好的例子。费孝通在江浙地区进行了"江村经济"调查之后来到云南，开始和同事、学生一起做云南的农村社区调查。首先，他们发现无论是哪一个社区，决定农民生活状况的关键因素都是土地制度，从"江村经济"的译名"Earthbound China"也可以看出，费孝通以及魁阁的学者群体认为当时整个中国的问题都在农村，而农村问题的关键皆在于土地。他们通过对华东地区和西南地区的若干个案的比较发现了一种普遍性，验证了之前从江村个案中得出的结论，即土地权越是外流比较厉害的，越是集中化的，地主越大的，这个村的农民生活则越是贫困不堪。这是基于中国几千年的封建地主制度之下所形成的各地趋同的社会结构。所以，他们才提出要提高农民生活水平，发展农村，关键是要让农民掌握自己的土地，让其他人没有办法通过资本去获得土地，简言之，不能有地主的存在。

但是细细比较，他们也发现其四个村落（江村、禄村、易村、玉村）的土地集中程度并不相同，越是城市工商业发达的地方，就越会导致农村的土地失去价值，逼迫农民放弃手中的土地。这种"差异"何以进行比较，从而去发现其中的共性问题呢？科学的研究方法是从中找到那个导致差异的因素，即对所有研究对象都产生影响的那个变量。在上述四个村落的案例中，城市手工业的发展程度便是那个共同的变量，变量的累积程度不一样，因此形成了不同的社会结果。只要对它有足够清晰的认识，掌握了它影响社会结构的逻辑，我们便可以对四个村落进行横向的比较。当然，还有其他一些非共同的变量因素影响着村落的社会结构，如禄村的人们期待通过"升官发财"来集中农业资本，不期待通过"勤劳"来创造和积累资本，地主的田地租给外来的雇工耕种，劳力充斥，资本不易集中。而玉村全村都是一个宗姓，相当于村里的土地是一种族产，外来的资本很难进入。但这些变量并不影响我们从比较中得出普遍性的结论，它们只是使得解释变得更为充分的反向证据。

社区研究法绝不是研究一个社区这么简单，也不是只研究这个社区，更不是说研究了一个社区就可以直接宣布它代表了一个区域甚至整个中国的实际情况。真正具有完整说服力的社区研究的终极形态，其背后还有更多的工作要做，既包括多点的、多类型的比较，也包括用不同个案来检验某种社会模式的典型程度。当然，比较研究也有两种不同的进入策略，一种是将比较的过程放在研究者的社区田野工作之前完成，研究者事先通过掌握程序、理论、方法、足够丰富的初始经验，以及了解整个社会的历史背景、变迁历程和区域概况，先完成分类、归纳，做好类型的提炼，然后再去做社区研究；另一种是通过一个又一个的精细的社区研究，从而产生分类、归纳，做出类型的提炼。在实际的研究中，这两种进入策略往往是同时被采纳的。

第三章　集市的时间规则

　　集市的组织和运转首先需遵循集期的安排，于集日开市，非集日则休市。就单个集市而言，集期规则的重要性在于它保证了市场上的商家有足够的时间补充货源，而消费者也可以合理地安排生产生活与购物消闲的时间。对一个区域内的集市群而言，集期则保证了每一个集市在很大程度上拥有独属于自己的集日，从而不会与同级市场和上一层级的市场形成冲突，使得每一个市场都能维持一定规模的交易。集期安排同时适用于商贩和消费者，它是一个周期性的时间规则，是集市时间规则的基本组成部分，前人的研究不可谓不丰富。不过只靠集期并不能保障集市的组织和运转，西镇集市中的时间规则还包含另外两层含义。

　　第一，一年之中，有的商品是时令性的，而不是一年四季都在售卖。所以从年初到岁末，一些摆摊设点的地段上会有某些商贩成批次地出现又相继隐没，他们栖居于市场的时间不是持久的，而是依循着一年之内各个季节和节气的生产规律来选择进入市场和退出市场，今年的这个时间段里完成了赶集任务，可能就要待到明年的同一时间段才会重新进入。这类摊贩主要是种植本地作物的农民，包括果农、粮农和菜农，以及逢年过节时期的年货供应者。故而从年的尺度上来看，每一个时间段市场上主要售卖什么，摊位主要由谁使用，市场的主要交易功能是什么，有一个周期性的时间规则所在，遵循着以年为单位的循环。

第二，西镇集市上的商贩，一部分是拥有私人营业场所的个体工商户，另一部分是在街上摆摊设点的摊贩。前者场所固定，各卖各家，互不干扰，而后者却因为摆摊的需要存在摊位分配上的秩序问题。一是同一区域的摊位要分好坏优劣，好摊位代表着可以把东西更快地卖出去；二是集市上的摊位相对于当前西镇摊贩的总体数量来说供小于求，如果不能及时占得集中分布的摊位，那就只能另选一个地方单打独斗，无法享受集群效应所带来的消费者流量。因此，在每一个集日里，集市上的摊贩们都希望获得好的摊位。如果用最简单的"先来后到"决定摊位的分配，虽然看似合理，但一方面在没有其他规则介入的情况下，这种博弈逻辑推演下去便只有一个结果，那就是摊贩们会越来越赶早，而实际情况并非如此；另一方面，如果在没有监督者和裁决者的情况下，这种博弈会不可避免地产生纠纷，毕竟不是每一个人都愿意遵守规则。很明显，摊位的分配问题其实可以化约为一个"时间"上的顺序问题，也就是"什么时候该谁用，怎么用"的排序规则。商贩是市场上一次交易活动运作的起始端，如果他们这个群体内部的秩序不能保证，那么市场的组织和运转便无从谈起。数量庞大的摊位与数量庞大的摊贩群体之间要实现组合与配置，保障摊位分配与使用的秩序性，则必然也需要一个系统化的规则框架，这项框架解决的是优先性问题，是一个线性的时间规则。

三个层次的时间规则以"年—旬—天"的层次咬合在一起，它可以保障商贩尽可能公平地获得进入集市的机会以及分配与使用集市中的摊位。本章将全面阐述三个层面的时间规则体系，包括以旬为单位的集期规则、以年为单位的时令规则和单个集日之内的排序规则，然后分析这种时间向度上的集市组织和运转秩序是如何被形塑的。

第一节　集期：旬的周期规则

要理解集期的安排，首先需要对一个区域内市场的层级体系有所了解。在长时间的发展中，西镇在当地市场的层级体系中是作为一个中间市场存在的，它的上一层级是县城市场，下一层级是围绕在它周边的数个基层市场。西镇在市场层级体系中的这种位置主要体现在商品流通的路线和人们的赶集安排两个方面。从商品的流通路线来看，本地农产品中的绝大部分是由生产者于赶集日从西镇下辖的行政村和西镇周边的乡场集中运送到这里进行售卖的，因为这里不仅有更为庞大的居民消费群体，还有来自县城的收购商，他们会大量收购土鸡、土鸭等土货产品，然后卖给县城里的各家酒店和餐厅。而服装等其他生活用品，无一例外都是商贩从县城的中心市场上去进的货，他们是只做西镇生意的固定商贩，或是在西镇与周围基层市场间做循环流动的行贩①。但是西镇周边基层市场的固定商贩的货品，一部分是从县城批发，另一部分则是从西镇的商贩那里进货。显然，无论是商品的售卖环节还是进货环节，在商品流通方面，西镇扮演的都是一个中间市场的角色。从人们的赶集安排来看，行贩虽然在西镇及周边基层市场循环流动，但是并不意味着他们每天都在赶集，通常他们一定

---

① "行贩"沿用的是《中国农村的市场和社会结构》里的翻译方法，指的是在各个市场间进行流动、窜市摆摊的摊贩。

不会错过的是西镇的集日，而周边基层市场的集日他们会选择性地前往；在消费者这一端，周边基层市场的街道居民和农村居民除了在本市场赶场购物之外，他们也会择机到西镇赶场，但是西镇的消费者从来都不会到周边基层市场去赶场购物。买家和卖家的赶集安排同时体现出西镇是一个比周边基层市场等级层次更高的中间市场。

在一个多层级的市场体系中，不仅单个集市的赶集有周期规则，而且各集市的周期规则还需要相互配合。施坚雅对中国农村集市的周期做过较为全面的概括，对一些周期类型进行了详尽的解释说明。在他的考察范围内，中国农村集市的周期有以下类型：常见的是 10 天循环的旬周期（干周期）和 12 天循环的支周期，比较少见的是隔日市、一日一市和一日两市。在四川盆地是以旬周期为主，旬周期具体可分为周期内一次、两次、三次和四次集市①。西镇所在的整个市场体系都是典型的一旬三次集，西镇是每逢新历尾数为 1、4、8 的日子为赶集日，如每月的 11 号、14 号、18 号，每旬的三次集日的时间间隔分别是两天、三天和两天，间隔三天之后所进行的那次集市（尾数为 8 的集日）就是大场，其他的便是小场。如果遇到总共有 31 天的大月，那么 31 号不赶集，而是等到第二天即下个月 1 号才进行，这种时候就是连续两个大场。施坚雅认为，一个市场体系中不同层级的集市的周期设置具备以下特点："当建立新的基层市场时，所采用的集期要尽量不与邻近的中间市场发生冲突，而不管邻近的基层市场的集期。"② 这样一来，就保障了行贩能在中间市场和基层市场间巡回摆摊而无须担心集期存在冲突，他们在基层市场和中间市场间做来回运动，完

① 施坚雅. 中国农村的市场和社会结构 [M]. 史建云，徐秀丽，译. 北京：中国社会科学出版社，1994：11-20
② 同①：27.

成一旬十天的饱满循环。这正是中国农村集市所遵循的"集市环"特征，它是指相邻可被视为联系在一起的一个网络，是时间周期性的空间表现形式，以这种方式协同组织起来的集市可以使时间冲突问题降到最低，行贩赶集的目的地可最大限度地穷尽相邻市场[①]。

施坚雅所描述的这一集期特征很好地体现在西镇所在市场体系的集期设置中。如表3-1所示，县城是现在的行政中心同时也是早年的中心市场，西镇是县城西部最大的场镇，是周围基层市场的中间市场，这些基层市场包括QF场、FB场、DD场、WP场、HG场、LY场，这六个基层市场与西镇的集期皆不发生冲突，且集期时间完整覆盖了一旬的每一天。同理，县城周边主要场镇包括西镇、CS镇、DA镇、SY镇、SH镇，虽然集期高度重合，但同样与县城中心市场的集期不冲突。

表3-1 西镇地区主要集市集期表

市场名称	集期	市场类型
SY 镇	1-4-7	中间市场
SH 镇	1-4-8	中间市场
DA 镇	1-4-8	中间市场
CS 镇	1-4-8	中间市场
西镇	1-4-8	中间市场
县城	2-5-9	中心市场
FB 场	2-5-9	基层市场
HG 场	2-5-9	基层市场
WP 场	3-6-10	基层市场

---

① 石忆邵. 中国农村集市的理论与实践 [M]. 西安：陕西人民出版社，1995：22-24.

表3-1（续）

市场名称	集期	市场类型
DD 场	3-6-10	基层市场
QF 场	3-6-10	基层市场
LY 场	3-7-10	基层市场

这里还存在一个现象，有些基层市场的集期是有重合的，这决定了窜市赶集的行贩们在某一个集日里只能选择其中一个集市前往，如 WP 场和 QF 场的集期都是逢新历尾数 3-6-10，在这三个集日里，他们要么选择前者，要么选择后者，而无法两者兼得。乍看之下，这并不是一个大问题，行贩可以根据集市与自己的距离以及喜好任意选择一个集市前往就可以了。但问题在于，集期重合的几个场镇其生意有好有坏，其中 WP 场、QF 场的生意比其他的基层市场要好，每逢冲突的集期，窜市者当然更加愿意前往这两个地方摆摊。但是各个场镇的摊位有限，市场需求也是有饱和度的，如果大家都前往所谓好的集市，这势必引起冲突。针对这个问题，每一种类别（如卖衣服的、鞋子的、五金的、百货的）的行贩在长期的互动中协商出了自己这个群体里的一套窜市的循环制规则，规定在某一集日大家轮流去往集期重合的各场镇，循环以旬为时间单位分为三个阶段，一个月完成一次循环。以其中一位卖衣服的地贩为例，她窜市的安排是上旬逢新历尾数 2、5、9 前往 HG 镇，逢新历尾数 3、6、10 前往 DD 场；中旬逢新历尾数 2、5、9 去 FB 场，逢新历尾数 3、7、10 去 LY 场；下旬逢新历尾数 2、5、9 可能会到县城去进货，逢新历尾数 3、6、10 摆摊于 WP 场。当然，这个循环不一定很严格，但在每个人都安排好自己的循环路线之后，每个集日里配置到各个集市的行贩数量总体是相当的，市场不会出现

某个集市过于饱和而其他相同集期的集市供应不足的情况。这种循环的实质是每个人对自己进入好市场的权利的适当让渡，结果却得到了公平的分配。

从上面的集期表中我们同样可以看到，几个中间市场的集期也有诸多重合之处，尤其以逢新历尾数为 1-4-8 的集期为主。但是这并不会为中间市场做生意的行贩带来选择难题，因为几乎不会有人在数个中间市场之间窜市，这种方式成本极大，性价比很低。只有一些从省外来的行贩群体才会这样做，这类行贩通常是抱团出动，他们在所到之处会临时办起一个覆盖集日和非集日的"展销会"，这种行贩群体一年通常只出现两三季，且他们的巡游不止囿于县域范围内数个中间市场，其脚步往往覆盖整个省域范围，甚至是做省际流动。

第二节　时令：年的周期规则

第二个层次的时间规则依托于"年"这个生产与生活周期来实现，适用于时令性的摊贩，"一年"是他们在摊位分配与使用上的基本循环刻度。

时令性摊贩主要包括卖本地产农产品的摊贩和卖年货的摊贩两类。由于不同的农产品的上市季节不同，农产品摊贩一年四季会分批出现在水果市场上。种植樱桃的农户在阳春三月的时候售卖樱桃，时节一过樱桃罢市，这些售卖者便收摊回家等待第二年；送走了这些人，紧接着就是售卖草莓的人进入市场，生产期一旦结束，他们就退出市场将摊位留给接下来的摊贩。每年八月是藤梨的盛产期，这个时候在农贸市场以外的集市街道上就有卖藤梨的人，等到了九月左右藤梨罢市之日就是蜜橘和椪柑的上市之时，这两种水果的摊贩便占据之前卖藤梨者的摊位。西镇的集市即使没有时令性摊贩的一拥而入，集市上也是人头攒动，摊位并不会有空缺。但是每当一个时节的时令性商品登场了，以往盘踞在这些摆摊地段的摊贩便会非常自觉地挤一挤，腾出一定的摊位给时令性摊贩使用。这跟坐公交车和地铁是一个逻辑，人少时每个人的身位刚好，但只要挤一挤，还是可以再上更多的乘客。以仁合街东为例，这条街是粮食和水果市场，一年四季的集市上都能见到卖粮食的摊贩，他们售卖的粮食包括大米、菜籽、菜油、黄豆等。他们是这个专门市场上最主要的摊贩群体，其次是在这里每天出摊卖水果的镇上居住的商家。每年七月中旬至八月末，种植藤梨的绝大部分果农都会聚集到这里卖梨子，此时，以往设摊于仁合街东段的常驻水果摊贩和粮食摊贩便会向街道的末端处移动，以便留出空隙让卖梨的果农插入队列中。如果空间仍然不够，就会有人将摊位退到街道两旁的街沿上。街沿上一般不会有人摆摊设点，以免挡住街边商铺的进出，影响别人的生意，而每年藤梨上市的季节，原本的这些顾忌便都暂时被抛开。遇到某一年藤梨收成特别好、上街卖梨的果农数量骤增的时候，仁合街东段这个专门的粮果市场可能会容不下这么多的果农摆摊，此时果农们通常会去往万寿路北段，此时这里聚集的卖凉粉、凉面、烧烤小吃一类的摊贩也会相互地挤一挤，为前者留出一定的摊位空间。

另外一类时令性摊贩是春节期间卖年货的人，他们从农历腊月中旬开始一直到农历正月十五元宵节结束，都享有众多街道交汇处的摊位使用权。特别是卖对联和年画的人，他们的摊位面积一般都比较大，一是便于将商品铺开，二是便于人们来围观。集市上的春联对联有印刷的，富丽而精美，也有传统的手写对联，很多赶集者喜欢观看用毛笔手写的过程，好似一种只在春节期间才会奉上的仪式表演。围观者即使不买也没关系，主要是图个热闹，品一品对联的意蕴和书写者的笔法。例如，在人流最拥挤、生意最红火的茶园路末端的十字路口、仁合街与万寿路的交会处等地点，每到年关都能见到摊位卖对联和年画的小贩，整个街口被填得满满当当，待年货季一过，这些地方也并不会出现空档，其他摊贩又会重新将其占满，仿佛年货摊贩的一来一去对于此处市场的分配和使用来说没有任何影响，而实则这种影响是被摊贩们将摊位主动让与和将市场主动共享的行为消解了，使得集市的组织和运转秩序丝毫没有出现波动。

第三节　一日之中的线性规则

在某一天的赶集中，摊贩们是可以进行摊位争用的。例如，农具市场通常在凌晨三四点钟的时候就有商贩挑着自己手工制作的农具从村里赶到街上来了，所卖商品包括簸箕、箩笩（挑篓）、背篓、围箩、爬耙（用于晾晒稻谷时薅谷草）、打荚竿（用于将豆子拍打出豆荚）、扫帚、草帽、拌桶、手摇风车和一些未上漆的桌椅等。他们启程如此之早，是因为在好摊位的使用问题上有一个可供他们竞争的空间，越是靠近街口的摊位，竞争就越激烈。在笔者的观察中，街口的摊位最早在凌晨三点就有人来了，离街口距离越远，被占位的时间就越靠后。寒冬腊月的集市，一般要到早上七点过的时候最深处的那些摊位才有人使用，而夏季一般则是六点过的时候。实际上，好的摊位大多数情况下是被一些卖拌桶、手摇风车的人占去了。拌桶是一种边长为 1.5 米左右的方形木桶，高约 50 厘米，下窄上宽，纵截面为梯形，既用于在粮食收割的季节里盛装打谷机上打出的稻谷，也用于调和猪饲料，更有仔鸡仔鸭夜晚栖息的用途；手摇风车高约 1.2 米，长约 2 米，是一种用于将各种粮食和杂质相分离的农具设备，操作者将带残杆儿、烂叶儿以及灰尘的粮食从设备上方的进料处倾倒进去，把闸阀一开，同时手摇风箱，粮食便从底部漏出接住，其他的杂质因为重量轻而被风从侧口给吹了出去。这两种商品的体型非常大，越是大型的器具从村里运往镇上就越是费力气和时间，因此制作和售卖这部分器具的摊贩会比其他摊贩起得更早，他们就更多地占到了优越的位置。然而，尽管好摊位是可以争用的，但摊贩之间并没有因此变得不和，也不会为了占得好位而出现越来越赶早的情形。这种竞争虽然存在，但不是每一个摊贩在每个集日里的刚性需求。通过对一个摊贩的访谈，我们可以从中看出当事人对于争位的看法：

　　"抢是肯定要来抢的，好位置还是要好点儿。不是说占了个好位就当真生意要好点，但占到了好位置的话生意就更有点盼头。我通常早上四点过从家里出发，到这里只花半个多小时。冬天在这个时候起的话，经常都抢得到离街口最近的位置，但夏天就不行了……抢归抢，又不是说抢不到心里就不舒服。我没抢到，还不是照样跟好位置上的人有说有笑，大家都做一样的生意，场场都在这个地方见到，熟悉得很。有时候起晚了，或者有时候不是很想来抢，那就不抢。让别人来把好位占了就占了，有时候是你有时候是我，对大家来说都公平。"（匿名，2009 年 6 月 28 日）

人们争用摊位的基本逻辑是：对于先来后到的次序规则完全服从，谁抢到了就该谁的，对此结果充分尊重；但抢位不是必需的事情，能抢则抢，占据好位的机会大家都有，和谐愉快最重要。可见，对于单次集日而言，摊贩间在摊位分配上存在竞争关系，竞争中存在"赢家"和"输家"，但是就长期而言，这种竞争结果的分布却是较为均衡的，赶集次数越多，就越无法分辨谁输谁赢。当然，该情况是西镇集市上的普遍状况，实际中也的确有人次次都赶早，绝大多数时候都抢占先机。但这是个例，且被人们认为是勤劳者应得的结果。

在某一个特定的社会领域中，占有其中的某种资源便意味着对那一领域拥有特定的权利，更确切地说，就是对其中的劳动积累及其产品和由此产生的效益和利润的权利。这里，摊位虽然是一种资源，但却并不被摊贩视为一种必须次次付出成本从中攫取利益的对象。身在其中的摊贩不意欲借占有资源而控制市场的资金流向与消费偏好，每个人的收益权力都不是排他化的，而是尽量共享的。虽然存在先来后到的规则，但此规则的作用是从正面积极地引导市场主体更充分地使用市场，而不是为了推动恶性竞争的形成。摊贩们都处于对好摊位的竞争中，但某一次赶集能否得到好摊位不是最重要的，在无数次的赶集中总有获得好摊位的时候才是最重要的。简而言之，摊贩们不是认可那些不好的摊位，而是认可人人都有获得好摊位的公平机会。这样一种时间规则是"以机会公平为前提的先来后到"。

除了机会公平，与先来后到的竞争规则相结合的还有另一项因素，这就是年龄的作用力。此处论及的年龄可以一分为二地来看，一是实际年龄，年长者有占位的优先权利；二是生意场上的年龄，笔者暂且将其命名为"集市年龄"，但与实际年龄不同的是，集市中的"年长者"，亦即在集市上做买卖的时间更长的人并不拥有占位优势，反而是新近进入集市的人拥有适度的占位优势。起初，当笔者观察到集市上的好摊位上年长的摊贩居多时，首先想到的原因是：如果跟老年人争用摊位，年轻人通常都怕老年人大动肝火，激动起来万一发病倒地反而平白无故生出是非，最后吃不了兜着走。但是其中一位老者的说法却推翻了笔者的推测：

> "年轻人还是都挺尊重老年人的，假如早上摸黑的时候大家都来了，看到有个老年人的话，年轻人一般都不会来跟我们争，不是怕我们，而是很自觉地就把摊摆到了我们的旁边，让我们离街口最近。我们有时候也说，你们摆嘛，差不了多少。但是年轻人都会非常谦让，说老年人不容易，应该摆个好位置。"（匿名，2009 年 7 月 21 日）

可以看出，好摊位更多地为老年人所使用，是因为年轻人出于对老者的尊重。不是老者倚老卖老逼退了年轻人，而是年轻人主动将权利让给了老年人。拥有实际年龄优势的人无论是在集市上长期摆摊还是时令性地进入市场，都会得到年轻人的谦让。

然而，在西镇集市的摊位使用问题上不只有年轻人对老年人的谦让，还有一种前述集市年龄意义上的年长者对年幼者的谦让，这里的年幼者指的就是才进入集市或者进入集市不久的新手。一般只有在非时令性的长期摊贩群体中，才会有较为明显的新手与老手的区分。关于新手在摊位占用上的优势，下面两段访谈材料进行了诠释，报道人分别是一位实际年龄意义上的老年人和一位才摆过几次摊的年轻小贩：

> "我们虽说是老年人，好位置比较容易得到，但是那些才来做生意的人（我们）也应该多帮忙帮忙的。才来赶场，好多东西都不熟悉，更莫要谈什么老顾客、回头客。现在做大生意的人都不好做，摆点小摊赚钱就更难了。把好位置留点给新手，做上路了，以后大家都有生意，一人赚一点儿。我让你，你也晓得让别人的。"（匿名，2009 年 8 月 8 日）

> "我才来的头一回，摆到最角落里去了。人家买东西的看了前面那些人，后面的懒得看了，除非是讲价讲得厉害的，就会多转两趟。第二回我也是天都没亮就来占位，虽然来得早，但是来了后还是有人都跟我一起到了。但是别人说，你占到这儿吧，生意还没做起来嘛，等以后（生意做上路），大家都可以占这个好位置，谁抢得到用就得了。都是一个小地方的人，跟到外面去打工比起来，还是感觉有一点不同。别人照顾我们刚做生意的，我们也要明白以后要照顾别个，好风气是要传下去的。"（匿名，2020 年 2 月 11 日）

上述两段材料真切地反映了摊贩们对于新手的照顾。新手可能是年轻人，也可能年纪已经不小了，唯一的判断标准是进入集市是早还是晚。这样一块长期摆摊的区域，其社会交往的特点跟农村社区中的"熟人和半熟人社会"非常类似。农村的熟人和半熟人社会为村民提供了相互脸熟的机会，却未能为村民提供充裕的相互了解的公共空间①。而集市这个场域同样有着使本来没有社会关系的一群人成为相互脸熟的熟人或半熟人，对于经常出现在集市上的摊贩而言，谁是摆摊多年的人，谁是刚来不久的人，摊贩自己是很容易分辨清楚的。

就实际年龄来看，每一个人都是从年轻到年老，年轻时为老者谦让，时至年老也就有人为自己谦让了；就市场年龄来看，道理同样如此，新手不可能常新，开始时他得到别人的谦让，之后他也需要谦让于别人。这两种"年龄规则"与先来后到的规则相结合，制约着后者被扩大化，从不同的角度消解了单纯竞争性关系可能带来的争端与冲突。并且，这两种规则之间也是相互制约的关系：老者无法总是享用好摊位，因为有新手的权利牵制；新手也不可能因"年幼"而总是贪婪于老手的照顾，他们面对生理意义上的年老者，谦让是在所难免的。如此使得集市中各个年龄层的人在摊位的分配和使用问题上面对着较为公平的权利与义务。

第四节　"让与"和集市"阈限"

以上三个层次的时间框架都对摊贩们的赶集行为进行约束，使得众人在缓和的氛围中得到各自的机会从而有秩序地进入每一个集市，以及使用好集市中并不富裕的摊位。通过制定时间规定，稀缺的市场和摊位转化为了平等的经济资源，避免了人们对它的争夺。这种井然有序的状态并不是

---

① "半熟人社会"是贺雪峰提出来的一个概念，旨在说明在当前的农村，以行政村为日常运作单位的社会空间里，人与人之间并不如在一个自然村里那样熟识。具体请参见：贺雪峰. 论半熟人社会：理解村委会选举的一个视角 [J]. 政治学研究，2000（3）：61-69.

空中楼阁，而是有其自身的文化逻辑在里面，即集市上市场主体间的"让与"行为。在西镇这个农村集市中，让与不仅体现在商贩们为公平进入市场而协商制定的以旬为时间单位的同级市场循环进入规则，也体现为年的时间尺度上固定摊贩和长期摊贩为时令性摊贩腾出摊位，还表现为单次集日的时间范围内，摊贩们在争用摊位时对好摊位抱有的平常心、看重获得好摊位的公平机会胜过获得它本身、年轻人对老年人的照顾，以及集市老手对新手的照顾。

一、"让与"及其文化根基

这种让与之风也并非毫无根基，而是有其历史积淀与传统根基的。一方面，中国的商业文化中一直有义利结合的传统，从中衍生出了对于利益让与的看重。中国人自古多讲求让与之风，从"孔融让梨"的经典故事到"六尺巷"的著名典故，教育大业与劝世之道里都少不了让与这一重要的环节。对让与的重视更是在《论语·里仁》中可见一斑，它将让与上升到了治国平天下的高度："能以让与为国乎？何有。不能以让与为国，如礼何？"① 可以说"让"文化从一个角度开启了中国文化的轴心时代，周代关于"让"的社会思潮渐渐平息之时，百家争鸣也趋于结束了②。不管是哪一种"让"，其动机和期望都落在能够通过放弃自身利益而使得他人能够有所获益，达到自我和整个群体、社会的共生共荣。集市中的让与不能被解释为摊贩们对利益没有追求，盈利的诉求并不是计划经济解体及市场经济进驻之后的产物，商贾的"生意经"自古在中国的传奇书写中都占有一

① 钱穆. 论语新解 [M]. 成都：巴蜀书社，1985：91.
② 罗新慧. 礼让与禅让：论周代"让"的社会观念变迁 [J]. 社会科学战线，2002（6）：143-147.

席之地。但是，如晋商和徽商曾经所创造的"白银帝国"，其成就与辉煌除了靠精明的生意头脑外，立足的根本在于道德精神层面的支撑。他们讲求以诚待人，以信接物，义利兼顾，特别是徽商更是因为其人文底蕴的醇厚而独得"贾而好儒"的称谓。

商业文化中的义利之辩很早就有了一个清晰的结局。"义"和"利"不存在纠缠不清的现象，求义在于明利，得利自当存义。在市场竞争和交易关系中，商贾所奉行的"义"多半又表现为一种利益的让与或者让渡，同时"让"是成全大"义"的一种德行方式。"义"乃中国商人文化立足的核心理念，"让"是从这种理念所延伸出来的必然的行动结果。在中国漫长的封建社会中，"崇本抑末"的传统观念浓重，整个社会轻商贱商，士大夫阶层对于交易活动与商人群体更是不屑一顾，商人也就始终处于难以摆脱的财富与地位不可兼得的两难困境之中①，所以对于道德的谨守更是经商成功的关键内因。

另一方面，集市上摊贩之间的让与也契合了中国人基本的"差序格局"关系模式，摊贩在分配与使用摊位时遵守长幼尊卑的基本伦理。描述中国人关系的"差序格局"既讲求关系远近的"差"，也讲高低等级的"序"，长辈拥有比年轻人更高的级序，从而在关系网路中拥有更多的权利；年轻人则是以"孝"和"顺"的方式让着甚至忍着长辈，从而维系整个关系群体的稳定性。费孝通将这种关系逻辑限定在私人网络之内进行讨论，认为"我们传统社会里所有的社会道德也只是在私人联系中发生意义"②。然而我们可以看到，年长者相对于年幼者在"序"上的优先性同样

① 朱英. 论近代上海商人文化的特征 [J]. 社会科学研究，1998 (5)：97-102.
② 费孝通. 乡土中国生育制度 [M]. 北京：北京大学出版社，1998：30.

出现在了集市这样一个公共社会网络中，且还是一个成员并不稳定、只在特定日期里出现的临时社会网络。其中，年长者拥有摊位占用的优先权利，年幼者则基于集市共同体的稳定而自觉演绎了利他主义的行为，将好摊位让给年长者，遵循了中国人基本社会关系模式中的长幼级序原则。

从更为宏观的层面看，集市中的让与行为也契合了儒家社会的道德话语，未脱离儒家纲常的基本架构。儒学本身就是道德理想与社会控制的结合体，一是它以其道德理想主义为核心的个体心性之学支撑着古典中国的理想思想世界和理想政治世界，适应着古典时期中国社会运行对于理想精神的需要；二是它以其伦理中心主义为核心的社会政治之学支持着现实社会、现实政治的有序运作，发挥着社会政治的控制功能①。仁义礼让的文化训诫从来都隐匿于中国人的群体与社区生活中，小到一个家庭，大到一个村落。这种训诫同样也隐匿于集市这样一个临时社区和临时群体生活的场域中，使得摊贩们沿着中国人传统的行动逻辑在分配与使用摊位。

此外，不管是年轻人对老年人的让与，还是集市老手对新手的让与，他们的让与并非是刻意习得的，而是源自有人这样做示范，在耳濡目染中被塑造的，这是一种文化濡化的过程。林顿（Ralph Linton）站在心理人类学角度上认为濡化是文化中传统的行为标准和准则的传承，其最大的特点在于强调个人或群体内化某种文化类型或生活模式的过程，而不强调社会结构、背景和行动者扮演的角色等②。因此，只要集市还在乡村社会中运转着，让与的市场风气必定会在不间断的内化中被延续下来。

---

① 任剑涛. 道德理想主义与伦理中心主义：儒家伦理的双旋结构 [J]. 中山大学学报（社会科学版），2002（6）：1-8.

② FITZ JOHN PORTER POOLE. Socialuzation, enculturation and the development of personal identity [A] //TIM INGOLD. Companion encyclopedia of anthropology. Routledge，2002：831-837.

长久以来，商业文化在儒家文化所设计的社会模型中并不被正统书写所器重，而被视作人类学所经常讨论的"小传统"，商贾话语与儒家话语之间也就存在长期的对峙。但是在儒家成为正统与权威之前，其理想化道德的诸多原材料也是掩藏于非正统的日常生活中的，只不过经由知识分子提炼和系统化之后才成为正统。因此，与其说集市摊贩间的让与作为商贾之义的一种表现，是正统的儒家精神和文化下渗的结果，不如说是自古存在于集市上的让与之风也是儒家仁义礼让的某种道德渊源，尽管商业文化的真正成型与弘扬是在明清时期①。

二、成为"阈限"的集市

通过各种方式的让与，摊贩们长期以来形成了一套时间规则以指导他们有条不紊地对市场进入和摊位分配做出次序安排，西镇集市交易的初始秩序得以建立。身为市场主体，摊贩们非常清楚自身的行为怎样是合适的，怎样是不合适的，他们对于市场秩序的维护是自觉的。在集市中，无论来自什么地方，卖什么东西，年长或者年幼，新手或是老手，至少从主观倾向上来说摊贩与摊贩间是没有等级差异的，不存在结构化的特征。一个要在集市上摆摊设点做生意的人，他的年龄、经济状况、社会地位、成就和名誉等身份背景特质是不进入市场场域内的，这些因素对于集市摆摊来说无关紧要，摊贩群体在这里是均质化的，是"普遍性的人"，他们以一个整体的方式参与集市交易活动，其中的每个个体则是无差别地需要对整体的有序组织和运转负有责任。在文化规训之中，在市场发展的内在要求下，在集市硬件条件的边界内，经由市场主体在长期的实践过程中互动

---

① 唐力行. 商人与中国近世社会 [M]. 北京：商务印书馆，2003：1-5.

和摸索而建构出的秩序呈现出一定的去结构化特点，使得赶集对于摊贩群体来说类似于一个深具阈限性的交融阶段，集市则成为一个阈限性空间。

"阈限"是由阿诺尔德·范热内普（Arnold Van Gennep）在 1909 年伴随着对"过渡礼仪"的仪式类型研究而提出来的。范热内普首先阐述了人在跨越不同群体、地位、身份、社会境地以及观念中的不同世界时所伴随的表征分隔、边缘与聚合的仪式行为，从中归纳出一种具有文化普遍性的仪式类型，即过渡仪式；其次，他对仪式的进程进行了进一步划分，认为这类仪式在理论意义上的完整进程结构应该包括阈限前、阈限和阈限后三个阶段。阈限这个阶段的特殊性在于，身处这个阶段中的人暂时失去了社会身份和应有的地位，与其他的参与者均不构成任何一种不对等的关系，他们会"从类别（正常情况下，在文化空间里为状况和位置进行定位的类别）的网状结构中躲避或逃逸出去"。[①]

但正如格拉克曼（Max Gluckman）所言，"范热内普的主要影响是对仪式进程与机制的研究"[②]，"他从未试图对过渡仪式的社会或心理背景进行深入分析"[③]，其理论可以回答过渡仪式"是什么"和"怎么做"，却不能回答"为何如此"的问题[④]，类型学的意义要大于对社会与文化本身的关注。解释过渡仪式"为何如此"的问题时，历史、结构、心理和生物性等背景因素都是可以纳入分析的对象。因此，应该如福德（Daryll Forde）所言，要理解某类仪式在人类社会中的广泛存在与在具体社会中的独特意

①　维克多·特纳. 仪式过程：结构与反结构［M］. 黄剑波，柳博赟，译. 北京：中国人民大学出版社，2006：95.

②　MAX GLUCKMAN. Essays on the ritual of social relations［M］. Manchester University Press，1975：4.

③　同②：10.

④　阿诺尔德·范热内普. 过渡礼仪［M］. 张举文，译. 北京：商务印书馆，2010：序15.

义，需将其视为由复杂的社会背景与多样的公共利益共同促成的结果，从而做出一种将社会关系、心理模式甚至是自然环境等广泛因素考虑在内的综合性分析①。针对于此，后续研究者大致沿着"认知心理学"和"社会功能论"两条进路进行了拓深。

利奇作为认知心理学解释的代表人物，认为过渡仪式就像时间概念一样，既是人们为了获得对社会生命连续体的经验而构造的一种感知刻度，又是平滑连接被刻度划分开来的不同社会生命阶段的桥梁，缓和变化过程中的焦虑②。近年来，有学者运用概念隐喻理论（Conceptual Metaphor Theory）进行分析，认为人类的认知倾向于将状态的"变化"转换为空间的"移动"来理解，由此提出以地点、方向和界线为基本隐喻的过渡仪式是人类试图理解身份、地位和时间等变化的自然行为结果③。

格拉克曼是功能论的集大成者，他认为人的社会角色是多重复合的（multiplex），围绕每一种角色组织起来的社会关系相互勾连成整体。为避免其中一种角色的变化牵动其他角色及其背后的社会关系发生迁移，人们便用仪式的方式将这一特定角色标识出来而不影响整体秩序④。更为主流的功能解释关注的是过渡仪式对社会结构的维系与再生产，如格拉克曼从情感入手对非洲多种节庆中带有反叛色彩的仪式表演进行研究，认为某些过渡仪式可通过情绪宣泄释放不平等社会中的结构性紧张⑤。

---

① DARYLL FORDE. The context of belief: a consideration of fetishism among the Yakö [M]. Liverpool: Liverpool University Press, 1958.

② 埃德蒙·利奇. 文化与交流 [M]. 卢德平，译. 北京: 华夏出版社, 1991: 37-40.

③ WISEMAN R. Getting beyond rites of passage in archaeology: conceptual metaphors of journeys and growth [J]. Current Anthropology, 2019 (4): 449-474.

④ MAX GLUCKMAN. Essays on the ritual of social relations [M]. Manchester: Manchester University Press, 1975: 18-80.

⑤ MAX GLUCKMAN. Order and rebellion in tribal Africa [M]. London: Routledge, 2013: 110-136.

后来，特纳（Victor Turner）又对"阈限"进行了发展，阈限意味着交融，此时的社会没有结构化特征，或者仅有组织结构，但结构中的人相对缺乏差别，或者可能是地位完全相等的人组成的一个暂时共同体。在这个意义上，特纳进一步认为具有压力释放与结构再生产功能的"阈限"不仅存在于线性的仪式进程中，还存在于宏观尺度的社会与长时段的历史中。于是他将阈限的适用领域扩展到了社会的方方面面，包括千禧年运动、嬉皮士运动、亲属群体结构、苦行僧所组成的宗教团体，甚至某位歌手所象征的时代精神，进而提出"结构与反结构"的过程理论，赋予过渡仪式理论以社会理论的新色彩。可以看到，阈限被扩充使用在了社会运动、群体内部的静态结构、团体的象征性以及拥有特质的时代性上。不管如何使用和释义，其中最为关键的内涵就是阈限中的"交融"特征，交融既可以是原结构中位置的颠倒、重组与混淆，也可以是完全无分层、去结构性的，处在交融状态中的个人或者团体与正常状态下的身份暂时离别，消解了本有的社会地位、威望、声誉等，原来的社会等级或其他类型的社会结构不复存在。

对于集市摊贩这个群体而言，他们在各种社会因素与文化传统，尤其是让与之风所促成的三层时间规则的约束下，进入市场后便消解了本有的身份，以平等的市场主体身份交融在一起。他们中有长辈，也有晚辈；有家庭较为富裕的，也有非常贫穷的；有来自镇上的，也有来自农村的；可以是最普通的农民，也可以是村干部。这些身份本来带有的结构性特征在集市这一情境中都不存在了，每个人的权利和义务都是大致对等的。摊贩们的自发秩序行为表征了各种时间规则下让与的道德整合力量，诠释了逐利本能对于文化的服从，西镇集市组织和运转的秩序性最终表现为集市的一种"阈限"状态。

第四章 集市的空间划分

西镇的集市除了两个农贸市场外，各个种类的商品都分别集中在某条街或者是某个区域进行售卖，本研究将依托于一条街或者一个区域所形成的交易空间称作专业市场。如若集中售卖农具产品，那么就可以把它称作农具市场。在中国社会调查的先行者李景汉先生的著作《定县社会概况调查》中对东亭和翟城村的各种专业市场就有过关于其区位和功能的描述①。图4-1是西镇各种商品集中的区域，从中可以看到，西镇的专业市场有七个，分别是农贸市场、百货市场、粮果市场、农具市场、仔猪市场、香火市场和鸽子市场。从这七个分区来看，作为一个农村地区的集市，西镇市场的商品功能是相当完备的，并且在当前情况下仍然是以满足农村地区人群消费为特征，因此它的存续对于当前乡村经济的发展必不可少，且对于当地农村人的生产生活来说也是必需的。

除了固定于某一区位的专业市场外，有一些摊贩由于其数量少而没有得到专属的交易空间，如乡村游医和年货小贩。当然，这并不是说他们在集市上摆摊采取打游击的方式，实际上他们仍然有自己特定的空间，只不

---

① 李景汉. 定县社会概况调查 [M]. 上海：上海人民出版社，2005：665-671.

过这个空间不是大型的集中性空间，而是分散的但依旧较为固定的空间，或者说，属于他们的专业市场在空间上是弥散分布的。无论是弥散空间还是拥有固定区位的专业市场，它们各自都拥有互不干扰的地域，独立而顺畅地运作，承担相应的商品交易功能，或者是虽有重合，但却相互依赖共生而非冲突，各个区域各司其职，协同并存，实现了西镇集市在空间分布上的有序状态。因此，如若探讨集市的组织和运转，还必须要注意到其中的空间维度，即集市的各专业化交易功能都有其相应的、独立运作的、互不干扰的、规范化的承载空间，才能保障交易顺畅、有序化地开展。在本章中，笔者主要探讨的是：西镇的各专业市场为什么会呈现如此的区位格局和空间安排？各专业市场对其承载空间的选择依据与实践逻辑是什么？概而言之，也就是除了行政力量有限的干预外，形塑集市空间秩序的区位格局是怎样被建构起来的？

第一节　自发的区位逻辑

从图4-1来看，七个专业集市遍布西镇的各个区域，各自承载着相应的交易功能。这些功能区的分布对于集市上的绝大部分人，包括摊贩和消费者来说，都合理地满足了各自所需，这使得各专业市场的商品交易功能发挥得力，整个集市组织有序，运转充分。一方面表现在各个专业市场相对独立，它们所在的各个区域专属于各领域的交易者，不存在相互间的影响；另一方面表现在专业市场的区位是优化分布的，为摊贩或者是消费者提供了便利，促进了该种类商品交易的发展。下面是笔者从几位报道人的访谈记录中截取的片段，属于对集市区位格局的概述性评论，他们的说法印证了上述两个方面，前两段分别来自两位赶集的消费者，后一段来自一位摊贩。

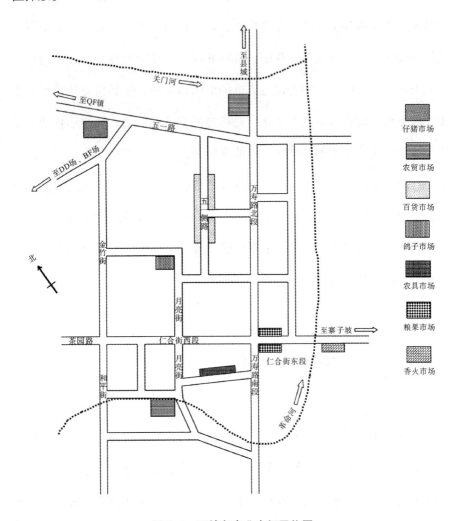

图4-1 西镇各专业市场区位图

"我们平时上街来赶场，除了有时候会到茶馆里打打牌、喝喝茶，也不是说随便乱逛，通常买东西、逛街都有一个顺序的，轻的那些小家什（小玩意儿的意思），还有吃的东西都是先买，重的东西肯定后买。摆摊的别个（商贩）晓得摆在哪里才符合我们买东西的习惯。"（匿名，2009年7月4日）

"我们镇上摆摊很早以前就是这样子，该在哪里就在哪里，怎么方便怎么来。没得哪个人来规定，赶场这么多年，这个场慢慢就变成现在这个样子了。现在这个样子就很好啊，该卖什么就到哪里去卖，不存在跟其他（专业市场）人搞混乱的。你说要是卖菜的跑去跟卖衣服的一起，那岂不笑话，而且也不卫生呐。"（匿名，2009年8月1日）

"一直以来我摆摊都是摆到这里的，摆到这里就是对的，都是大家觉得这样子最方便，摆摊的方便，买东西的也方便，慢慢就成了这个样子。道理就是这样，你要我说，我也不知道怎么说。反正城管的人最好莫要乱来管，搬过去搬过来，最后发现还是原来的好，管了那么久又跟以前一样了，没用。你说你要来规定我们在哪里卖东西，但是大家都不习惯，那不是白搞吗？"（匿名，2020年8月24日）

上述报道人向我们透露出，各个专业市场在区位格局上做到了相互独立，互不干扰，集市在发挥其本职的交易功能时尽显便利与合理。众人也明白，此区位格局的背后隐藏着一定的"道理"，这道理也不是什么大学问，不过是顺应生活的选择而已，但却促成了集市空间的最优划分与功能区的最优配置。在进行此项研究前，笔者虽然对于西南地区的农村集市（无论是西镇还是自己的家乡）是熟悉的，但从未思索过为什么某些东西在这里卖而不在那里，某类摊贩喜欢在某处聚集而不在别处。直到进入本研究的田野调查中，才慢慢发现这个看似平常的问题背后也有那么多"道理"可讲。由于笔者自己不是市场主体，所以以前这个问题离笔者较远而从未计较过；对于市场上的买卖人来说，集市的空间格局也由于长久的习惯和众人共同的实践而不被注意。然而，一切所谓日常生活都有其背后的行动逻辑，这是人类学和社会学告诉我们的关键知识。在此研究中，笔者既要作为一个外人去觉察其逻辑究竟何在，也要借作为当事者的买卖人的知觉来说明问题，这两种不同的阐释路径被称作"遥距感知经验"和"贴近感知经验"[①]，强调的是文化持有者与文化研究者的"合作"，将对象的理解和笔者自身的剖析相融合，做到视角的连接与互易才能达到目的，即找到格尔茨所比喻的"深层乌龟"。接下来，本书将以上述专业市场中的农贸市场、仔猪市场、粮果市场、农具市场、香火市场和鸽子市场为例，分别说明它们的区位是如何形成并固定下来的。

一、利用自然之便

从图 4-1 中可以看到，西镇有两个农贸市场，一个位于西镇西南方向，一个位于西镇东北方向，后文分别称它们为 A 市和 B 市。这两个农贸市场是常开市场，是镇上居民一日三餐食材的主要供应地，并不只是在赶集之日才聚集大量的农产品售卖者，只不过集日里卖菜的摊贩会更多。农贸市场的位置确定在这两个地方，并不是随意选择的结果，政府将其作为正式的农贸市场来管理是在原有的市场雏形上规划发展而来的。两个市场中，A 市的形成

---

① 克利福德·格尔茨. 地方性知识：阐释人类学文集 [M]. 王海龙，张家瑄，译. 北京：中央编译出版社，2000：72-76.

远远早于 B 市，发展到现在，是两个市场中生意更为红火的一个。

早年的时候，西镇没有现在这么大，主要的街道是和平街、金竹街与仁合街，而现在最为繁华的万寿路只是一条石子马路，两旁住户稀疏，于是西镇街道呈现出一个"工"字形。那时的 A 市恰好被三条街道包围在"工"字的左边，处于这个位置的好处就在于三条主要通道上的人都能够非常方便地到达。可是，为何这个市场处于"工"字的左边而不是右边呢？虽然处于右边同样方便三条主要通道上的人前来消费，但这是一个农贸市场，主要经营的产品是各种蔬菜和肉禽蛋类，要么是从泥土里长出来的，要么是需要进行屠宰清洗的，特别是水产类的还需要有水来暂时喂养以保新鲜。当位于"工"字左边时就解决了很多的问题：农民从土里将蔬菜和作物挑运到西镇街道上来售卖，可以紧挨着集市的革命河进行清洗，并且方便取水来保持蔬菜的新鲜；肉禽类产品则非常方便在河流里取水来进行屠宰过后的清洗；水产类则更方便取水来保持鱼儿的鲜活。要是这个集市最早是位于相反的方向，那么这些问题都不容易解决，因为右边区域离关河距离甚远。

正如一位在镇上生活了 70 多年的老者所说：

> "这个菜市场在我记得事情之前就已经在这里了，那个时候没有人规划也没有人管理。说它是个农贸市场，它并没有正式的名字也没有正式的样子，大家就聚在这里摆放东西就开始卖。卖菜的也好，卖鱼的也好，河里面的水用起来特别方便，甚至有很多人买了东西过后都会先到河边去清洗干净才拿回家。"（匿名，2020 年 6 月 1 日）

A 市正是以其得天独厚的区位优势，得到了比 B 市早很多年的发展，因此现在它才显得比 B 市更重要，承担了更多的日常功能。到了 20 世纪 90 年代初，政府履行其公共服务职能将 A 市正式规划为农贸市场，地面用石板全部覆盖平整，修建了瓦棚用来遮阳挡雨，修筑了众多的石台用于商贩摆放农产品，最后用镂空的围墙将其围起来，整修过后的面积有七八百平方米。2000 年，政府将 A 市进行扩大，提供了更宽敞的摆摊区域，同时为了保护环境和县城的水源，政府在经过 A 市的这段河道上面盖起了商铺，这样不仅把河道遮盖了起来，还进一步扩充了 A 市的营业面积。

二、利用交通之便

西镇在 20 年前是渝西地区排名靠前的仔猪交易市场，仔猪远销湖南、湖北、新疆、云南和贵州等地。但是后来随着上述地区仔猪养殖技术的不断完善和仔猪交易的发展，西镇的仔猪市场逐渐没落。近年来，乡村社会发生了巨大变化，外出务工者逐年增多，常住农村的绝对人口数量不断下降，加之养猪的人家也越来越少，使得仔猪的需求量和繁殖量都大幅下滑，由此导致了仔猪收购模式的改变。原来仔猪市场繁荣之时，有大量的中间商贩在市场上收购仔猪并运送到其他地方售卖，后来猪少了，猪市规模也越来越小，中间商贩不得不迫于竞争而主动进入农村进行收购。近几年，很多地方更是出现了专门化的肉猪养殖场，实现了猪仔繁殖与肉猪养殖、屠宰和售卖组成的流水作业线，中间商贩的活跃程度就更为降低。到现在仔猪市场已经难觅踪影，由政府规划修建的大型的仔猪交易市场（俗称"猪市坝"）也处于荒弃状态，地盘被承包给了一些做煤球和其他简易商品加工的老板使用。这个处于西镇北面的仔猪交易市场，曾经在政府的修建和包装下，每逢赶集之日便盛极一时。这样的景象得益于政府的规划和引导，而政府的规划和引导则建立在该区域早年自然拥有的空间区位和市场雏形上。

20世纪90年代初，西镇工商所和畜牧兽医站共同筹划仔猪交易市场，从此这块区域的市场运作步入了正规化时代。它占地面积10余亩（1亩≈666.7平方米，下同），总投资50余万元，是当时县域范围内最大的仔猪交易市场。在这之前，这块区域上的仔猪交易就已经存在了很久，其规模和繁荣早已显现，因此在政府介入后更是快速崛起。这块区域之所以在漫长的仔猪交易史中发展出当初的市场雏形，原因有两点：第一，对于仔猪的运输来说，它的交通位置最优；第二，对于赶集到市场卖猪的农民来说，这个位置是最节省力气的选择。首先，仔猪市场的具体地点是在金竹街与去往DD场公路的交会处，从农村运来的猪通常是从和平街、仁合街、万寿路的两端和DD场、QF场方向运至市场，主要去向之一是沿着前往DD场、FB场的公路到达四川省泸州市，主要去向之二是沿着前往QF场的公路到达重庆市其他地区，主要去向之三是沿着万寿路最东段去往县城，经由县城到达云贵等其他省份。可以看到，仔猪市场最初的区位成型于此处完全是取的交通之便。其次，根据早年的几个仔猪商贩的说法，仔猪市场选点于此之后之所以人气越来越旺，把西镇的仔猪生意做到了省外去，其中还有两个优势不可忽视：一是最初的万寿路只是一条公路，那个时候西镇的集市并不在万寿路，而是在金竹街与和平街上，仔猪市场的区位选取于此并没有超过原镇街集市的辐射范围，便于聚敛人气；二是从和平街到金竹街是一路到头的下坡路，西镇人习惯称和平街一端为上场，金竹街一端为下场，而从万寿路两端去往仔猪市场也是下坡路，也就是说，仔猪市场的位置是西镇市场的一块洼地，商贩从各处挑着重达几百斤（1斤＝0.5千克，下同）重的猪篓赶集而来省力省时。从西镇仔猪市场昔日的快速繁荣中我们也可以看到，有时候我们百思不得其解的生意经，往往就隐藏在这些不容易被察觉的、看似毫不重要的因素背后。

接下来，让我们的目光转向粮果市场。在图4-1中，粮市和果市同处于仁合街东段。在西镇街道还呈"工"字形的年代里，卖粮食和卖水果都没有固定区域，当仁合街东段建成后，摊贩们迅速找到了自己的"据点"。一位水果摊贩告诉笔者：

> "以前哪里有那么多人卖水果卖粮食的！摊子到处摆，人也不多。九几年（20世纪90年代）的时候，这条路修起了，还没等人反应过来，过了几场大家就都跑到这里来了。集中起来卖，显得热闹，好像生意都要好多了。新街道，宽敞干净，挑起担子来，跨过田坎就到这里了。"（TB，2019年8月11日）

从上述访谈中，我们足以看出为什么粮市、果市会被选择于此。自从它们都有了专属的区域，不但避免了以前散乱摆摊、毫无秩序的现象，更因为集群效应而使得市场整体效益向好，反过来增强了该市场区位的固定化和常规化。粮果市场位于仁合街东段，通常卖粮食的人会更加集中在街道南侧，售卖的商品包括干黄豆、干玉米、再生稻、本地新米、麦子、麸皮以及各种杂粮；卖水果的人则更多地集中在街道北侧，售卖的有苹果、西瓜、芭蕉等，最主要的是每年夏季里的藤梨和秋冬季里的椪柑。粮食和水果的消费者既有西镇上的常住居民，也有农村前来赶集的农民，但以后者为主。

对比西镇集市上其他类型的商品，如衣服、日用品、肉蛋蔬菜一类来说，粮食和水果在单位重量上都要更胜一筹，挑担上街的摊贩都希望负重的时间越短越好。在仁合街东段的末端是西镇的寨子坡区域，该区域是藤梨的主要产区，至 WP 场方向的村落则是椪柑的主产区。果农们从这两个方向挑担而来，从省时省力的角度来看，最理想的位置自然是仁合街东段和万寿路南段。但是万寿路是一条大公路，平时赶集的时候有特别多的车辆从这条路上经过，不仅灰尘大、噪音大，而且还很危险。同时，政府为了镇街容貌也规定万寿路上禁止集中摆摊，所以最优解便落在了仁合街东段上。粮果摊贩们并没有经过长时间的摸索，只是在寥寥几个集日之后便来到了此处，他们的行动逻辑极为简单，不过是为了集中和便利，却在无意间完成了一次区位的优化选择。

三、相依而生的市场

农具市场位于连接月亮街和万寿路南段的一条无名小街上（门牌号仍然显示为月亮街），大致呈东西走向，从此处到 A 农贸市场和仁合街东段粮果市场的距离都约为 100 米。不言而喻，农具的消费者都是有耕种需求的农民，而农具市场在此处形成恰好能为农民消费者提供最大的便利。每次集日，除了居住在镇上的卖菜老板，农贸市场里会涌入大量从周边村落挑来新鲜蔬菜和鸡鸭的农民摊贩，他们结束自己的生意之后转而去到农具市场购物是顺路之举。粮果市场同样如此，集日里聚集着大量从周边村落来卖水果和粮食的农民摊贩，结束摆摊后到农具市场购物也不过是寥寥几步路。不仅如此，菜农结束摆摊后也会去往粮果市场购买水果，果农结束摆摊之后也会去往农贸市场购买一些肉类和少量的蔬菜，其间必定会经过农具市场这条街道。可以说，A 农贸市场和粮果市场为农具市场提供了最大的潜在消费人流，且它们两者离得也不远，因此农具市场选在两者之间的位置是一种优选之举，其区位的形成是出于对农贸市场和粮果市场的依存，它依托另外两个市场的区位特征而成就了自身的区位合理性。对此，一位农具市场上的摊贩如是说：

> "我是好多年前就一直在卖这些东西（指农具），到处都摆过摊摊儿。后来这条街修好了，大家就慢慢来这里卖东西了，这里生意是比较好。你想嘛，跟粮食市场一通，别人在那头买粮买柑子，对望就看到这头在卖农具。或者买完农具，走几步路就到菜市场去买菜了，主要还是方便。"（匿名，2009 年 7 月 21 日）

除了农具市场与粮果市场及农贸市场是相倚而生的关系之外，其他一些特色小贩也是出于依存关系来选择自己的市场区位的。由于他们售卖的东西不多，行李与货品多为小物件和小包裹，为了平时风里来雨里去更为方便，他们并不集中于某一片区域，而是相对分散地固定在其他专业市场里或者商铺前。例如，卖炸串、棉花糖等小孩零食的行贩将摊摆在百货市场的居多，反而不是摆在农贸市场。这是因为村里的家长带小孩来赶集通常会到百货市场去买衣服，而不是将小孩带到农贸市场去买菜。又如，卖面点的小贩通常会驻扎于茶馆、麻将馆前，并时而溜达进去转场，这是因为茶馆、麻将馆的人通常会有临时加餐的需要。他们的分布很明显是根据集市上各色人等的需求，而选择与该需求人群常驻之地相依存的策略。

而在空间分布上最为弥散的是游医。很多人家中的长辈本来就是医家，或者是集体主义时期在农村做过赤脚医生，然后将经验又传给了现在的后辈。只是后辈由于个人的一些原因没有走上正式的从医道路，因此成了在集市上摆摊设点、按照集期准时流动的游医。游医的消费者可能是任何一个专门市场中的人，且求医的需求并不分季节和时令，常年都有可能发生，因此游医无须倚靠着某一类市场而摆摊设点，在任何一个市场中他们都能做生意；且由于他们是市场中的极少数（西镇上的游医只有四五个），因此他们的分布是见缝插针式的。同样，见缝插针的还有年货行贩，他们只出现在年关时期的西镇上，售卖对联、年画、灯笼、墙饰和小型烟花爆竹等。一方面这类商品的消费者不分年龄、性别和喜好，另一方面这些年货是属于季节性的刚需，所以无论在哪里摆摊设点都会生意不错。

我们还要注意西镇上的一个特殊市场，它位于仁合街东段最末端寨子坡的山脚下，卖的是香客们烧香拜佛用的香火。仁合街东段是前往西镇寨子坡的必经之路，这座寨子坡虽然海拔不高，山脉也不大，但是胜在是一处奇景和拥有较为深厚的民间信仰传统。寨子坡的南端有一座光壁悬崖，崖上有两块天然重叠的石头被称为仙女石，围绕这处奇景还衍生出了神话传说，是西镇人从小到大游玩和留念的地方。另外，整座山上还有零星几处古老的石刻，既有菩萨和佛祖像，也有少量的道家仙官像，很早以前便有人上山拜佛求神。长久以来，有的香客隔三岔五就会到寨子坡上祈福，有的则在传说中的菩萨的生日，即每年农历二月十九、六月十九和九月十九来到寨子坡求取神祇的保佑。除了寺庙和神堂中矗立的富丽堂皇的神像外，零散分布于各个地点的石刻神像也是大家敬拜的对象，石刻前面的香火与供果长年不断。信仰者但凡要上山，那么必定会有香火的需求。这个市场的区位完全是由文化消费需求所形塑与维系的，紧靠特定的消费场所设置相应的商品供给市场，这是赶集人心中的最优解。

起初，这里的摊贩只有三四家，规模很小。2012 年，在乡村旅游热的带动下，从未发展过旅游的西镇也蠢蠢欲动起来，政府遂决定小规模开发寨子坡，修缮石刻石像，并修建两座庙宇，再于山下的河边与居民合作盖上几座农家乐，周边种植彩色水稻形成有趣的"大地画"，站在寨子坡上仙女石旁边的观景平台就可以俯瞰全景。2015 年，政府在修建的庙宇背后又增扩了一座地藏菩萨殿，做起了存放骨灰、供奉灵位的生意，并且在短时间内就吸引了县城里的众多人来购买灵位。如此一来，此处的香火市场需求更加旺盛，摊贩规模也从以前的三四家扩展为现在较为固定的十余家。

四、从公共空间到集市空间

西镇的鸽市在西南众多的农村集市中显得非常特别。西镇之所以有鸽市的存在，跟渝西地区鸽子消费的旺盛有关系。一是肉鸽消费，西镇养肉鸽的人比较多，渝西地区作为肉鸽和鸽蛋的一大消费地，县城需要从西镇和其他地方源源不断地进货，于是很多商贩来到西镇驻留集市，收购肉鸽和鸽蛋。二是信鸽消费，渝西地区的信鸽比赛是很多人日常生活中必不可少的体育休闲项目，本地的民间信鸽协会，从小场镇到区到市都有一个完备的层级体系，它们与各级体委之间的挂靠关系一直都非常牢固。西镇人不仅养肉鸽，信鸽培育的历史也非常悠久，靠着信鸽和肉鸽的双重消费，西镇逐渐成了鸽子买卖和信鸽交流的一个好地方。每逢集市，来到鸽子市场上的不仅有肉鸽和鸽蛋的交易者，还有一大批西镇以及周边乡场的信鸽爱好者们，他们聚集此处交流信鸽养殖和培养的经验，炫耀自己的信鸽在某次比赛中取得的成绩，顺便做信鸽的买卖。

最初的时候，西镇没有专门的鸽子市场。大家要么在农贸市场周边做买卖，要么在粮果市场周边谈生意。人气旺盛的集日里，甚至能在百货市场看到卖鸽子和鸽蛋的人，而现在这块被称为鸽市的区域在当初是一块闲置的区域，街道两边以茶馆和餐馆居多。后来有几个镇上的信鸽爱好者喜欢到这里的一家茶馆喝茶聊天，于是吸引了越来越多的鸽友们聚集于此，茶馆装不下，鸽友们就在集日里站在街道上交流。当鸽友们多起来之后，信鸽交易也开始搬来这块区域，紧接着，卖肉鸽和鸽蛋的人也跑来此处"扎堆"，最后形成了现在的鸽子市场。可以说，这个专业市场是由人们对于"公共领域"的需求推动形成的。

当初西镇的信鸽爱好者数量不多，大家随性碰头，三三两两的交流都是私下里进行。随着信鸽爱好者逐渐增多，信鸽比赛日益火爆，尤其是本镇的信鸽协会成立之后，鸽友群体的交流成为一种刚性需求，以促进整个趣缘群体的交往和内部信任，这对于本镇信鸽协会的知名度和信鸽培育质量的提升大有裨益。于是他们迫切需要一个公共空间来承载交流，使得信息的沟通规模化、常规化。而当这个公共空间兴起之后，附带的鸽子交易也自然被吸引到此处了，二者相得益彰，互相促进，尔后在信鸽爱好者的开拓与肉鸽商贩们的跟随下逐渐演变为鸽市，最终鸽市本身成了市场交易和群体交流的双重空间，且后者的功能要大于前者，前者依附于后者而存在。

对公共领域议题的研究主要肇始于哈贝马斯（Jürgen Habermas），他主要关注的是 17 世纪法国的咖啡馆、剧院、展览馆等空间中发生的事，当时的城市中产阶级喜欢聚集在这些空间中议事和议政。初期的中产阶级首先是将咖啡馆当成一个消费空间来对待，进而有了文学批评，随后发展出了政治批评，并逐渐将私人话语集中放大为公众舆论，这样咖啡馆一类的场所才成了中产阶级表达自由主义的客体空间，成为理性讨论的个人聚合①。因此，这些公共空间的公共性不是说此处不是私密场所而是向所有公民开放，更重要的是强调有共同性的一个群体可以借助此空间中的交流形成新的社会意识和社会领域，产生有别于国家和正式权力的社会力量，这就是所谓的"公共领域"。

对于西镇的鸽市来说，这块区域当市场对于鸽子的需求越发旺盛，信鸽养殖者越来越多，对于信息互通有无的需求越发强烈时，信鸽爱好者们便意识到大家需要联合起来共议信鸽事业和组织发展（鸽协）。这虽然与 17 世纪法国巴黎的中产阶级关心的政治话题相去甚远，但仍然是一种公共领域的类型。它服务于一个想谋求提升社会影响的趣缘性社会群体，目标是营造自己的公共生活，塑造自己的公共话语，这与谋求政治地位、推动制度改革的议政者的公共目标并无差异，它们都是属于黄宗智所提出的"第三领域"②，即处于国家和社会之间，受到二者的共同影响，但是不为任何一方服务，不会化约或者消融到国家里或社会里，或者同时消融到国家里或社会里，它具有超出国家与社会影响的自身特征和自身逻辑的存在，是价值中立的范畴。从中我们皆可以看到这样一个客观事实，即市民

---

① 哈贝马斯. 公共领域的结构转型［M］. 曹卫东，等译. 上海：学林出版社，1999：35-47.

② 黄宗智. 中国的"公共领域"与"市民社会"？：国家与社会间的第三领域［A］//邓正来，亚历山大. 国家与市民社会：一种社会理论的研究路径. 程农，译. 北京：中央编译出版社，2006.

社会虽未完全成型，但国家与社会之间早就有了一股力量的兴起，并遵循着自己的成长规律在不断发展向前①。

出于对自身公共领域的需求，信鸽爱好者们必然需要寻找一个可以承载共同议事的空间。鸽市这块区域之前是被闲置的，即使是在赶集之日也从未被利用起来，它是既存的自然空间。但由于这里是西镇茶馆分布最为密集的区域，于是被几个爱好者选中作为自己的集市聚会之地，随着聚集者越来越多，茶馆已不够使用，于是整个街区变成了一个大型的露天公共空间。公共空间的出现引导了越来越多相关的人来此，最终演变成为一个专业市场。一位报道人如此讲述他的鸽市体验：

> "在这里，好多平常不知道的养鸽子的人都见到了，认得到了。大家一起交流怎么养鸽子，看看哪家的鸽子好，关注一下最近哪里又有什么比赛，获奖的鸽子能卖多少钱之类的啊。大家就喜欢聊这些，以前没地方聊，就像找不到组织一样，现在好了，所有人都在这里，几个几个站在街边就行了，不用到茶馆里去开茶话会。然后顺便就做鸽子的生意，有好的种鸽，大家都希望来配对。养信鸽的在这里一聚，买肉鸽的和买鸽蛋的都跟着跑来了。其他几个场镇的都晓得我们这里有个鸽市，热闹得很。"
>
> （YDK，2009 年 8 月 18 日）

鸽市是西镇集市上的特殊存在，由一个兴趣共同体，出于建立自己的

---

① 曹卫东. 哈贝马斯在汉语世界的历史效果：以《公共领域的结构转型》为例 [J]. 现代哲学，2005（1）：51-58.

制度化组织和公共生活所需推动形塑的一个市场。此区域从纯自然性的客体空间转向公共领域的社会性空间，最后又衍生出信鸽与肉鸽交易的市场功能。它既是交易空间，更是公共空间，并且是由后者催生了前者。从此，鸽子的养殖者与交易者不必再四处碰头，他们通过一个固定市场进行交易，既推动了该特殊商品领域的发展，又不会给其他专业市场带来空间使用上的负担。

综上所述，西镇集市的空间划分大都是基于自发的逻辑，包括依照河流等自然条件设市，依照交通的便利性设市，出于不同交易之间环环相扣、依存共赢的目的设市，依照消费者的购物动线设市，以及某社会群体出于对公共领域的诉求而引导了市场空间的形成。各个专业市场之间呈现出秩序井然的空间划分与联系，使得它们各司其职，又相互促进。西镇集市这种以自发性为主的区位生成逻辑，其合理性在官方的几次"无功而返"的市场改造中得到展现。

第二节　区位的改造与回归

为了引导集市经济更好地发展，政府相关部门对市场空间进行一定的管理是其职责范围中的事。但是如果在此过程中，政府缺乏对集市区位逻辑的理解和基本的调查，可能会导致管理的失效。这样的例子在西镇集市的完善过程中就出现过，但政府的管理思维与普通人的生活习惯相对峙的结果，无一不是集市用自身本有的合理性"说服"了管理者。

一、失而复得的便利

我们首先来看农贸市场的 B 市。该市场的正式建立是在 2007 年，所谓正式建立，是指政府如以往对待 A 市那样，专门划归这片区域为农贸市场，给以整修和标牌，并将其纳入行政管理与市镇规划的范围之内。该市场在正式建立前雏形已经存在了七八年，是发生在五一路修建之后的事情。五一路建成后，在五一路的北侧建成了一个新的胶鞋厂的车间，占地面积非常之大，每天进出的工人也非常多。这同时也就带动了五一路一带的人员的聚集和商业的繁荣。万寿路在五一路以北的一段，也在同一时期修筑起了大量的楼房，迁居至此的户数不算少，并且在这一段还先后开设了移动营业厅、信用合作社、烟草局、供电所营业厅等机构，所以整个这一片区域的人都逐渐增多，不管是平日还是在赶集之日，都越来越热闹。2005 年下半年，原位于五一路与万寿路之交的存在了十几年的大转盘被拆除，这个十字路口遂成为西镇地势最开阔的十字路口，吸引了各种类型的散布摊贩前来此处路边摆摊设点。2006 年年初，政府在这个十字路口树立起一个电子公告牌，上面滚动播出每天的天气状况、交通状况、新闻实况以及"三农"信息，更使得该区域俨然成为一个村镇的地标，呈现出一种广场气氛。这一切的变化都为该区域的生活便利度提出了要求，而首当其冲的自然是有关生活起居、衣食住行方面的要求，供应生鲜食物的农贸市场更是急需的。早在五一路建成之初，该区域的农贸产品交易就随即兴起，地点就是现在的 B 农贸市场。但是从其雏形到现在的正式建成，七八年的时间可谓漫长，且政府还多次进行了干预，其目的为何，一位报道人这样说：

"因为政府办公楼离这里近啊，搞视察的人进进出出看到菜市场这里人又多又吵，那不影响市容吗？还有胶鞋厂啊，好歹也是我们这里的支柱企业，考察的人、洽谈的人经常都有，从这里走前走后的，怕别人看到脏乱差。"（XBL，2009年8月5日）

除此之外，政府当时还考虑到已经有专门的农贸市场，要避免重复规划，合理利用已有资源，发挥其最大效应。最初，政府派遣协管员和居委会成员对B区域聚集摆摊的农产品摊贩进行反复多次说服，有人听从有人不予理睬，即使听从的人仍然在不久后的集日便折回此处。后来政府开始张贴告示，采取行政命令的方式驱赶摆摊者，那段时期通常可以在赶集之日看到摊贩们与政府工作人员的游击战，有工作人员前来，摊贩们皆四处散去，当工作人员一走，摊贩们又迅速集拢。发展到后来，政府采取较为强硬的态度，对摆摊者予以罚款。这样，摊贩们被迫到A市与众多同行共挤一处，或者散布在其他各处街道。可是五一路周边的居民不答应了，他们认为现在西镇街道版图已经扩大，人口也已增加，原先的农贸市场处于镇上南端，给北面的人带来生活上的极大不便。遂有人向政府提出要求，当时还写了一封居民联名的建议函，口气坚决地表达了对新建农贸市场的要求。但是政府并不采纳该意见，因为对于财政紧张的政府来说，规划兴建一个新的农贸市场的代价是高昂的。但是由于日常生鲜食物的消费过于普遍，且需求量大，政府也渐渐地少管放宽，B市在未被明确允许的情况下逐渐成了正大光明的农贸市场。

但是到了2012年，五一路与万寿路交会处逐渐显示出广场氛围的时候，政府似乎意识到这块原来不属于西镇核心的区域在此时已经需要进行功能上的拓展与升级了。并且此时出了另外一件事情，同样催化了政府将 B 市打造成正规农贸市场的决定。即在连续几次的文明乡镇评比中，西镇一直排名靠后被约谈，其中 B 市的环境卫生是被扣分的主要项之一。在 2012 年年底，政府终于开始出资在 B 地修建正式的农贸市场。这样一来，原先只在集日里才热闹的 B 市场，也开始如 A 市场那样成为天天都开市的常日市。2013 年春节的时候，西镇在五一路与万寿路交会的一段举办了首届"鞭炮文化节"，不但没有担心紧挨的农贸市场会影响市容，反而因为农贸市场周边人头攒动、商业点众多，让前来参与鞭炮文化节的外镇人感受到了西镇的热闹与繁荣。并且更令人意想不到的是，2012 年年底建立这个新农贸市场之后，万寿路北段和农贸市场后方区域的商品房开发速度有了明显的提速，不仅街道界面焕然一新，政府也从中得到了更多的土地收益。原因其实很简单，生活的方便是人们购房置业的最基本考虑，这块区域本来就有一个区直属中学和汽车站，已经具备上学和交通的便利条件，而新农贸市场的建成，补齐了日常饮食起居的最后一块短板，愿意来此处买房安家的人自然就多了。

二、营造空间的"合法性"

我们再来看粮果市场曾经的空间管理历程。粮果市场是在仁合街东段兴建后迅速成型的，至今已存在 30 多年，但在 2012 年曾被强制性地进行搬迁，考虑到粮食和水果也是属于农产品，于是搬迁地点定位 A 农贸市场，搬迁的目的是为西镇的旅游观光和文化保护整顿环境。同时，县里当时进行了一次文化普查，对各个场镇的历史古迹进行登记、修缮和维护。仁合街东段末端的革命河畔有一座年久失修的抗日英雄烈士纪念碑，县城的文化部门要求西镇日后妥善维护这座纪念碑，避免人为破坏。基于这两点原因，使得政府决定要搬迁粮市和果市。

由于这次搬迁的缘由显得非常正式，事关西镇当地的旅游发展与文化保存，所以政府从一开始就下强制性的行政命令，在开始搬迁前几个集日就开始在仁合街东段处进行宣传和说明，当时的规定是：如果在禁止集市设摊开始后，还执意在仁合街东段摆摊，将罚款 200～400 元，并给以告示批评。处罚措施一出来，收到的效果也出乎意料得好。从宣传动员开始大概只用了 20 天，粮市和果市就全部搬迁至了 A 农贸市场。但是紧接着问题出现了，一是 A 农贸市场的面积本来不大，原先只容纳蔬菜和肉蛋禽类的农民摊贩虽显得有些盈余，但是当数量众多的粮食摊贩和水果摊贩来到后，场地显得异常紧张，整个市场的运作负荷过量，一到集日变得脏乱拥堵，不但摊贩怨声载道，消费者也是叫苦连连；二是农贸市场是政府规划修建的，其条件和设施都比较好，且平时还有治安维护和市场监管，所以在农贸市场里摆摊是要收取市场管理费的。虽然每个月所交费用非常少，但是对于以前摆摊零成本的粮食摊贩和水果摊贩而言，这仍在短时间内不可接受。不过在一片讨论声中，绝大部分摊贩最终还是搬进了 A 农贸市场，只是偶有摊贩会在原来的地点摆摊，总体上没有形成有意识的反对。

随着寨子坡的旅游开发有了起色，非本镇的香客和游客多了起来之后，原来的的水果摊贩瞧到了商机，在后面几年中又开始逐渐回到仁合街东段，既做本地人的生意，又赚香客和游客的钱。由于香客们大都是中老年人，这些人很笃信本地粮食比外地粮食对身体更好的说法，他们尤其喜欢吃当地再生稻产出的大米和土法压榨的菜籽油。于是跟随着水果摊贩，集日到街上卖自家粮油的农村摊贩也重新聚集到仁合街东段。政府原先颁布的惩罚措施也由于过去已久，已经很难执行。在 2015 年 5 月的一个集日里，大量的粮食摊贩和水果摊贩突然间集体搬回到了仁合街东段摆摊，生意也异常火爆。由于事出突然，政府在当日并没有派工作人员进行干预，但是在后面紧接着的一个集日里，一大早就有工作人员来到这里呼吁大家到农贸市场去摆摊，但连续几个集日的规劝并没有起到作用。渐渐地，政府也发现，摊贩们在这里卖水果和本地的土产粮食，实际上是与寨子坡的乡村旅游相得益彰的。集市满足了上山香客和游客的购物需求，增加了旅游的吸引力，同时也帮助这些摊贩有了更好的收益。于是政府也渐渐不再硬性管理，之前的行政禁令虽然没取消，但是变得形同虚设了。最终，粮市与果市逐渐又恢复了往日的热闹繁荣，而这样的市场区位格局一直延续到今日亦未改变。

有着同样历程的还有与粮食市场和水果市场隔着革命河对望的香火市场，当时它与粮果市场的搬迁是同步的，但由于商家少，政府也就没有指定一个新的目的地，而只是将摊贩们驱离此地。如前所述，香火市场定位于此，完全是由文化消费需求所形塑与维系的，紧靠特定的消费场所设置相应的消费供给市场，这是赶集人心中的最优解。如果进行遣散，香客的需求得不到满足；如果搬离，又无法找到更加优化的区位安排，势必影响到寨子坡的文化旅游。比起卖粮食和水果，香客生意虽然规模小，但其不可或缺性却更为凸显，因此被政府强制驱散之后，恢复原样的过程来得更快。当时禁令生效仅仅几天之后，便有摊贩回到这个地方重新摆摊，并且跟政府的管理人员打起了游击战。在持续一个多月的你追我赶、你退我进之后，这个香火市场最终被政府勉强默许。到了 2015 年地藏菩萨殿建成之后，香火市场的生意变得更加兴旺，这也反过来为寨子坡吸引了更多香客、游客的目光，政府见状便再也没有过问此处设市是否合理了，从此香火市场便固定于此。

从粮果市场和香火市场的搬迁事件中我们看到，摊贩们不仅善于捕捉商机，而且主动利用了政府旅游项目的优势恢复并进一步扩充市场，合理化了自己的空间使用权，最后当政府看到香火市场与寨子坡的旅游项目相得益彰的时候，也不得不承认其区位的"合法性"。

以上的案例说明，虽然市场区位在形成过程中并没有所谓"规划"的指导，而是遵循如何才能更加便于生活、如何才能更加便于交易产生的朴素原则，这是一种并不会被人们察觉的习惯式行动逻辑。但就是在这种逻辑的指引下，摊贩们比管理者更先嗅到了商机，利用政府项目的优势先于管理者与政府项目做了消费供应上的对接，塑造了无论是经济功能还是文化功能上都更加优异的市场区位格局。

第三节　以生活为纲的常人理性

通常情况下，国家力量的确应该在集市空间的规划和扩展中起到积极的影响，既包括在政治制度、经济政策和国际贸易方面，也包括对于商业习惯的确认、统一、标准化和改进①。西镇政府对市场的管理固然属于正当之举，也是其作为公共服务提供者的义务所在，但却相对缺乏科学决策和对市场主体的尊重。如此进行的集市规划容易收到消极的效果，削弱市

---

① 盛洪. 分工与交易：一个一般理性理论及其对中国非专业化问题的应用分析 [M]. 上海：上海三联书店，上海人民出版社，2006：159-160.

场的功能甚至导致市场的运转失序。相反，西镇集市自发的空间划分与配置却得到了所有人用行动表达的赞许，不仅在政府试图改造之前便一直被人们实践着，而且在政府的规划介入打破之后还能迅速地回归重现，足见其对于市场组织和运转的合理性。

通过对以上各个市场的分析，西镇集市上这种自发形成的区位格局表面上看似没有特定的规则在其中起作用，而实际上都是集市上的市场主体集体摸索的结果，人们或依照河流等自然条件设市，或依照交通的便利性设市，或出于不同交易之间环环相扣、依存共赢的目的设市，或依照消费者的购物习惯设市，或利用政府项目的优势设市，或是某社会群体出于对公共领域的诉求而引导了市场空间的形成。

或依照消费者的购物习惯设市，或为满足特殊消费需求设市，或出于社会群体基于对公共领域的诉求而引导了市场空间的形成，最终塑造了无须规划却处处显现功能优异性与整体合理性的市场区位格局。而这背后不过是由市场主体的需求动机引导，依照他们的购物习惯和生活经验，在较长的时间段里慢慢累积形塑的最合理的行动结果，简单而有效。对于赶集者而言，这不是什么刻意的选择，他们的动机、习惯和经验不过是以生活"常识"的姿态出现的。格尔茨曾对"常识"做过界定：它是把我们的世界用熟知的形式来展现，展现成一个每个人都能够、都应该、都认识的世界，它将事物和事情以本原的形式表现出来，确切地使我们是据我们的直接经验而不是审慎考虑去拒绝或接受某种东西①。这种"常识"融入了当地人模式化的、连续性的生活过程，成为他们进行正常经济活动与消费活动不可或缺的部分。

---

① 克利福德·格尔茨. 地方性知识：阐释人类学文集 [M]. 王海龙，张家瑄，译. 北京：中央编译出版社，2000：93-102.

此处我们引入加芬克尔（Harold Garfinkel）的"常人方法论"进行讨论。常人方法论主张用日常人或普通人处理日常生活的方法以及人与人交往互动的方法来研究社会现象，它是一个有别于科学、政治、经济、宗教乃至哲学的非主题化或者是未主题化的领域①。用加芬克尔的话来说："常人方法论研究分析日常生活活动时是将其看作社会成员的一种方法，成员使用这种方法可使日常生活看起来是理性的，并出于各种实践目的使其行动是可讲述的"②。常人方法论告诉我们，在社会生活中，很多能够自成系统、保障社会生产生活的因素并不一定是经过精心设计的、能被行动者自身清楚知觉到的。但如果它被行动者集体默认且大规模地进行实践，就说明它是普通人逐渐自我优化的结果，因此在某种程度上是理性的。人类学的研究擅长反思科学理性、技术理性、工具理性对社会生活的统治，重视分析与正式权力和制度相对峙的那些日常范畴，因此常人方法论的视角可以被借鉴过来作为文化研究的一项补充，于日常生活的遮蔽中发掘出正常的、完整的、自在的人性③，这一关于文化环境中的"人"的内在叙说实则一直都是人类学的主题。

因此，格尔茨所称的常识的本质实际上是一种常人理性，这是一种不被知觉的生活智慧，是一种寓于日常中的最优解。常人理性是相对于工具理性或技术理性而言的，后者指的是通过对外界事物的情况和其他人的举止的期待，并利用这种期待作为"条件"或者"手段"，以期实现自己合乎理性所争取和考虑的作为成果的目的④，它是可被清晰感知的利益导向。

① 刘少杰. 后现代西方社会学理论［M］. 北京：社会科学文献出版社，2002：46–50.

② HAROLD GARFINKEL. Studies in ethnomethodology［M］. Cambridge：Polity Press，1967：7.

③ 方义. 法律的生活与生活化的法律：常人方法论与我国的法治建设［J］. 兰州学刊，2008（12）：107–108.

④ 马克斯·韦伯. 经济与社会（上卷）［M］. 林荣远，译. 北京：商务印书馆，1997：56.

工具理性最典型的持有者就是资本主义世界，对价值最大化的要求已经僭越了工具理性最初的"祛魅"作用，从而走向了极端化，导致社会成为追求利润的机器。而常人理性虽然也是谋求日常生活运转的最便利状态和最佳模式，但这不是由利润最大化的强制所趋下进行的下意识的计算和逻辑推演。虽然在日常生活中它不被注意到，但这既不是单纯由经验建构出来的生存心态，也不是基于某种传统的地方文化，它只是不被察觉的一个"常人"的基本生活逻辑。在面对各自的日常生活时，人们首先报以的是常规性的、自然而然的态度，不是刻意的规划；其次出于对日常生活本身的追求，对生活的认真对待与悉心经营便是这种理性的策源地。它不是为了什么伟大的目标，而只是出于一个常人对生活"舒适"和"效率"的本能所需。可以说，日常生活本身具有理性化的力量，所谓"常人理性"是一种以日常生活为纲要和目的的理性。

西镇市场区位格局的绝大部分是常人世界中"常人理性"的作用结果，其形塑机制完全不同于规训化的空间安排，后者强调只有纪律才能保障有序化的状态，而纪律首先要从对人的空间分配入手，依据单元定位或分割原则用正式权力和强制手段进行安排，在此基础上实现社会管理和社会控制的目的①。在西镇集市上，各专业市场的区位格局不是人为的专门针对该市场功能而布置的，它的延续也不是靠训诫与惩罚的手段来达成的，这里也存在空间安排，却是在日常生活中自我优化形塑而来，它并不缺乏秩序，但却不是迫于规则的压力。

从历史上的实践情况来看，国家对社会的治理和改造总是习惯以国家

---

① 米歇尔·福柯. 规训与惩罚 [M]. 刘北成，杨远婴，译. 上海：生活·读书·新知三联书店，2007：160-169.

自身的视角来完成方案设计和结果预测，传统知识论与实践知识论都被大量地贬斥，这样的治理行动其结局或多或少会受到失败的困扰。假如能够对来自民间的、大众的、日常生活中的认知和知识更加看重，明白其中所蕴含的符合生活生产规律，理解需求动机、身体习惯与生活经验的理性化力量，作为治理者在履行治理职能的时候，反而会更为省力，效果也会更好。这就提请我们注意，现代国家治理的实现必定需要与自下而上的社会进行交互与合作。中国社会从封建时期到计划经济时期再到现在社会主义市场经济时期，在宗教信仰、政治制度、文化等多个方面的和谐局面，都源自上下之间的对等与通达。即便是传统时代，国家与社会的运行也是处于"双轨制"中的，它正是传统社会结构得以维系的机制。例如，封建帝国的国家祭典与民间祭祀之间有着相互的模拟和隐喻，只不过彼此的运作有偏向性，前者是为创造帝国的象征和政治格局，后者更多地着眼于精神效力和实际效果。符合儒家伦理教化的祀礼与民间的信仰活动之间，也经常是处在冲突中，国家通常想要强行去改造，但最终的局面是信仰活动仍在地域性界限内操演，国家最终通过封赐等手段表达妥协。而进入现代社会时期，就乡村社会而言，政治、经济、法律等层面上国家权力在乡村社会进进出出，一方面国家主导的发展政策诠释着制度性安排对于乡村进步的重要性，另一方面地方性知识也在嬗变与转换中保持了独特品行，使国家在乡村治理中起着主导但并非全部控制的作用，正式制度与非正式制度间彼此冲击、改造、糅合，中央与地方、国家与社会在不断进行着"双向制度化"①，从而形成了有利的多元共治局面。

---

① 于建嵘. 岳村政治：转型期中国乡村政治结构的变迁 [M]. 北京：商务印书馆，2001：438-443；吴毅. 村治变迁中的权威与秩序：20世纪川东双村的表达 [M]. 北京：中国社会科学出版社，2002：361-369.

不论是"双轨制"还是"双向制度化",其内核是相同的,强调国家与社会的并行不悖与相互作用,当然这并不否认存在其中的排斥和冲突,但整体上二者关系一直呈现如此状态。在本研究中,西镇集市区位格局的成型与巩固经历了生活常识对正式权威的制衡,常人理性对治理技术的反诘,这正是国家与社会互涵关系在一个集市空间规划中的体现。只不过这里的"社会"一方不是研究者关注更多的地方权威、地方文化与地方习惯法,而是一种乡村经济活动中的常人理性。它对西镇集市空间秩序的维系施加了积极影响,保障了经济活动沿着原有的、被实践检验过的优化状态继续运行。正如斯科特(James C. Scott)所说:"实践知识、非正式过程和在不可预见的偶发事件面前的随机行动的作用是不可替代的。"①

当然,政府的市场管理也并非完全没有起作用,如百货市场就是在政府的主导和规定下才形成的。百货市场所售卖的商品主要是廉价的衣物、日用品、五金制品和小型电器,消费者几乎是农村上街来赶集的人。它在西镇街道还呈现工字形的年代里是不存在的,那个时候这块区域不但还是农田,且当时由于经济条件不好,赶集的人在衣服和日用品的开销方面省之又省,所以那时数量并不多的百货行贩都是分散在西镇上。后来五一侧路成型了,政府才专门将这片区域划归为百货市场,引导百货摊贩来此而不准随意在其他地方占道经营。百货市场的形成逻辑与其他市场的自发逻辑相得益彰,共同构成了西镇集市完整而稳定的功能性空间。

---

① 詹姆斯·斯科特. 国家的视角:那些试图改善人类状况的项目是如何失败的 [M]. 王晓毅,译. 北京:社会科学文献出版社,2004:导言 7.

第五章　集市上的交易管理

在描述与分析了保障西镇集市有序组织和运转的时间规则和空间划分之后，本章着墨于集市的核心功能——交易。"买"与"卖"是交易和交换最基本的环节，它的形式和内涵在历史中的变迁轨迹与社会分工的逐渐明确、商业和经济从社会中相对分离出来的过程以及社会信任和信用体系的独立化过程是同步的。从微观角度来看，现代性范畴中资本的全球化运作和各色经济组织对社会的强大控制力，在很大程度上都依赖于市场主体对多样化交易关系的建立和维系以及与此相伴生的保障交易关系的各种规则与技术。换言之，交易是经济运转的核心环节，交易的秩序性为社会稳健地进行内部和外部的资源流通、扩容、重组与更新提供微观层面的协调与控制力量，因此对于交易何以有序的思考便显得尤为重要。

在西镇上，交易自然会受到基本的市场规律如供求关系的影响，也会遵循自交换活动产生以来就一直被奉为经济关系之圭臬的等价原则，同时也自然处在工商部门的管理之中，以及在更大尺度上遵守国家的法律法规。但是除了市场规律与正式制度之外，农村集市的交易往往还有其他非正式制度的参与，以适应农村地区经济与社会的实际状况，才能在保障交易有序的基础上，使得市场长时间地维持运转。只有在这些非正式制度的作用下，集市上商品交易双方各自的需求才能得到更为精准的满足，对应地他们各自承担的义务才能得到更为有保障的履行，使得集市交易行为得以完成，最终发挥集市最为本职的经济功能。

例如，过去西镇所在区域的牛市交易实行的是大家默认的中间人制度。这些牛市上的中间人叫作"牛偏耳"，买卖双方都听牛偏耳评价这牛如何之好或如何之不好，买卖牛的人不能直接讨价还价，要由牛偏耳在中间来回谈价。谈价不用嘴说，而是用手摸数字，特有的手势表达不同的价位。但用手势时也不让买卖双方同时看到，要由牛偏耳将手放在买方或卖方的衣袖里摸，来回几次，待双方都同意那个数时就算买卖成交，同时牛偏耳在中间取得佣金。这种中间人制度在交易中的作用在于避免买卖双方直接的信息交流而出现价格的反复拉锯、出价不合理或者是碍于双方的熟人关系而不好意思谈价的情况。又如，西镇过去有仔猪市场，猪市上没有偏耳，买卖猪的双方可以面对面地讨价还价，但是有一条特殊的规则，那就是买猪人在谈价时要牵着拴猪绳谈价，双方谈好成交价才有效，谈不成就要将猪绳交还给卖猪人。旁边要想买猪的其他人，也只能在这时才能与卖猪人谈价。没有拉着猪绳的买猪人在旁边说成的价无效，就是说成了，不管价格如何，这时只有拉着猪绳的说价人才有优先购买权或不购买权[1]。这种规则实则是为了营造一种交易的严肃性，避免并无购买诚意的买家故意询价，以及防止旁边的人为买家谈价时"递点子"，从而促成双方更快地形成价格共识。

集市上的交易本身并不复杂，就是一个在心理预期之内的基于等价原则的买与卖，该交互过程往往表现为一手交钱一手交货的形式，但是由于

---

[1] "永川风华"编撰委员会.永川风华（下）[M].[出版地不详]:[出版者不详],2010.

农村市场的特殊性，单个交易关系中的"买"和"卖"有时候并不存在于同一时空，货币与物品之间有时候也不能做到即时的等值交换，甚至买卖行为的发生还会与交易关系的确立相分离。接下来，笔者将围绕于此，呈现西镇集市中的特殊交易类型或曰交易中的特殊规则，以及这些交易发生纠纷之后的解决机制，探讨支撑交易成立的非正式制度及其背后的社会基础与文化因素。

第一节 赊购与赊销

赊购与赊销是市场经济的商品流通领域里不可或缺的一种交易类型，众多有关赊购与赊销的论述和分析，都是从现代企业的发展和商品经济的繁荣角度出发，属于经济学和管理学里常见的议题之一。赊购与赊销是一体化的概念，在英文中被称作"credit sale"，直译过来就是"信用销售"，这种销售模式被认为是市场销售发展的最高级形式①。所谓最高级，并不是说是市场经济高度发展、交易方式高度技术化后才产生的一种模式，赊购与赊销在传统的市场中其实随处可见。所谓"高级"，主要体现在实现它的那套机制上，也就是"信用""信任"是实现商品经济的高级形式。现在企业贸易和商品经济的赊购与赊销在很大程度上超出了"信用销售"的范围，因为它们必须要靠着信用之外的现代技术来保证赊购与赊销的风险规避，如合同、订金、违约金以及保险等。而在集市中，即便没有这些现代风险管理技术，赊购与赊销也能够顺利开展。

① 林均跃. 企业赊销与信用管理（上卷）[M]. 北京：中国经济出版社，2000：4.

在笔者小时候的记忆中，西镇集市的赊购与赊销司空见惯，它可能发生在任何一种商品的交易中，大到购买成百上千元的农产品、饲料、仔猪，小到购买一口锅、一只碗、一双鞋袜。如今这种情况已经大为减少但并未消失，交易双方会根据实际情况适时采用赊购与赊销的传统方式以促成交易。赊购与赊销主要发生在两种商品交易关系中。一种是买家所需的商品乃"刚需"之物，但是一时间无法拿出这么多的钱进行支付或者进行一次性付清。比如，有人在稻谷成熟的七八月需要买电动打谷机，但是无法一次性凑足相应钱款或者暂时无法抽出任何资金，那么便采取赊购或者半赊购的方式；再比如，有些人家有老人去世，需要置办大量的丧葬用品，特别是如棺材这类价格相对高昂的丧葬用品，对于很多家庭来说不是那么容易消费得起的，于是也采用赊购或者半赊购的方式。另一种是买家购买的商品是用于周期性产品的生产投入上时，不管有没有能力支付或者一次性付清，一般都会采取赊购或者是半赊购的方式，如购买猪饲料、大批良种鱼苗、肉鸡养殖设备等商品时，由于所投入的产品生产是周期性的（猪、鱼、鸡从开始到最后进入市场都要经历一个漫长的养殖过程），所以人们不管经济情况如何，一般都会采用赊购的方式。直到饲养的禽畜出栏，在集市上卖得钱款之后再进行支付。随着时间向后推移，农民不再仅仅以种植和养殖作为主要收入来源，支付能力比以前提高了很多，而且基于卷入开放化市场以来逐步增强的风险意识，卖家对即时买卖的要求也变得强烈，所以现在西镇集市上的赊购与赊销现象比以前少了很多。但是，对于周期性产品生产投入所需的商品买卖，还是在一定程度上延续着此方式。

　　在西镇的月亮街上，有大量的常驻商户和租住商户都是做饲料生意的，所卖商品主要包括颗粒饲料、干玉米、次粉、米糠、油渣饼、饲料添加剂等，购买这类商品的通常都是集日上街购物的养猪散户。他们通常都会购买部分饲料，然后再跟自家的玉米和潲水搭配作为猪食。猪饲料在十年前的价格比现在要便宜很多，如颗粒饲料那个时候几毛钱一斤，50斤一袋装的也就20多元，而现在通常都是一元多一斤；干玉米那个时候五毛多钱一斤，现在是七八毛钱一斤，次粉、米糠、油炸饼等也相应地涨了四五毛。一头猪平均每天的饲料食量是两三斤，从仔猪到最后出栏进入市场，一头肉猪的饲养周期为五六个月，所以算下来，要养殖一头肉猪，在10年前的投入是六七百元（购买仔猪的费用300元左右、饲料费用300元左右），而现在需要1 000元以上。人们购买饲料通常是以百斤为单位，一次的费用通常是几百上千元，所以相对于肉猪出栏的周期和整个周期的成本来说，饲料费用是较为高昂的。现在出去打工的人多了，散户养猪的头数少了，因此饲料费用的支配显得不再那么拮据。但是近十年间，养殖户对饲料添加剂的需求增大了，一副添加剂通常是配以一百斤的猪饲料，添加剂在10年前较少有人用，那时的价格为几元到十几元一副，而现在的价格达到二十几元一副，并且用量也在增加，所以即使人们可支配的余钱多了、猪肉价格上涨了，也由于饲料的涨价、添加剂的用量增大以及专业养猪场对猪肉养殖的逐渐垄断等原因，农村的养猪散户在投入上仍然居高不下，所以对于赊购的需求仍然存在。

对于一个农村市场而言，赊购与赊销的存在很好地支撑了乡村经济，尤其是农产品经济的一部分，这种交易类型使得与它相关的商品销售周转变快，整体上更有效率。但是将交易的完成诉诸信任的预期之上必然面临更大的风险，需要得当的风险规避措施以防止买家赖账。名曰"风险规避"，而实际上西镇集市上赊购与赊销的双方并没有表现出明显的风险管理行为，甚至说对风险一事都不曾报以明朗的态度。例如，就销售猪饲料的商贩而言，他们与买家之间在确定赊购与赊销的交易方式的时候不会提出任何契约性的或者预先保护性的措施来防止买家不付钱款。他们做的仅仅是用一个本子记载下买家的姓名、购买商品种类、单价和总计费用以及买家的联系方式和家庭住址，但是并不与买家商定付款的期限，买家甚至不需要签字就可以把货物运走了，这样的赊购与赊销关系依靠的不过是口头上的协议而已。那么，这种简单的口头协议是如何起到保障作用的呢？其背后的信任机制是如何建立起来的？本章最后一节将进行分析。

第二节　补偿交易和预期交易

一、补偿交易

赊购与赊销中的"买"与"卖"不存在于同一时空，而是"买"的行为晚于"卖"的行为，使得买方在暂时不具备支付能力的情况下仍能促成交易的产生。除此以外，在西镇集市上货币与物品之间有时候也不能做到即时的等价交换，有时候买方没有足够的钱付给卖方，但是卖方仍然可以将超过对方支付能力的商品卖于对方，买方用其他方式补足货币差额；或者是卖方暂时没有足够的货源供买方所需时，买方仍旧支付预期费用，而将不足量的物品取走，卖方用其他方式补足货品差额。这样的情况通常是出现在一些小本的买卖上面，成本较大的买卖则相对较少出现这样的交易类型。例如，百货市场上的服装买卖、粮市上的粮食生意、农贸市的肉类产品交易都会出现这种情况，交易额度小则几元钱，多则上百元钱。在不等值的交易发生之后，赶集者有各种办法来弥补其间的价差，因此本书将这种交易类型叫作补偿交易。

从补偿的时间来看，有即时补偿与延时补偿两种。前者是指交易发生的当场就进行补偿，如有一个人在集市上购买一只鸡，这只鸡的费用严格地算是197元，但是买家拿出200元的时候，售卖者就会说我补给你几个鸡蛋，加上那只鸡的费用总共收取200元，通常情况下买家是比较乐意的，这种即时补偿的一般额度就在几元以内，补偿的一方都是售卖者。此类情况其实并不是农村集市上的特例，平时生活中人们同样会采用这样的策略来简化找补零钱的过程。如今在县城里，人们到商场、商铺购物或是去餐厅消费，绝大多数情况下都是使用手机支付，可以精确到一毛一分，这种即时的补偿交易就逐渐淡出人们的视野了。但是在西镇这样的农村集市上，一方面，大部分消费者都是来自农村的中老年人，没有手机支付的习惯；另一方面，无论是有固定商铺的商户还是集日里来赶场的商贩，他们使用手机结算的时候也不多，所以大家仍然以现金结账为主，即时补偿交易当前仍然匹配于乡村地区的社会经济状况和老百姓的消费习惯。

延时补偿在平时的购物和消费场景中难以遇见，这是一种多见于农村集市中的特殊交易类型。延时补偿是指交易发生之后过一段时间，通常是以某一次集日作为约定的日子，双方碰面进行补偿，使得交易最终达到等值。在这种交易类型中，补偿的一方可能是卖家也可能是买家。比如，一位镇上的居民购买一位农户挑上集市来售卖的再生稻大米，买家已经计划好要买50斤，但是售卖者只有30余斤，那么买家可能就将50斤的费用全部付给售卖者，表示希望售卖者能够在下一个集日或者再下一个集日带来剩余大米，买家届时到集市上来取。再比如，一个村里来的人准备在百货市场上购买一件衣服，他看中的一件衣服是 60 元，但是此时身上只剩 50 元了，或者是本次集日他还有其他必需品要买，衣服的花销只能控制在 30 元以内，那么卖家也会让买家将衣服拿走，让其下一次集日再来补足钱就行了。显然，延时补偿存在一定风险性，所以总体上卖家补偿买家的情况要多些，因为卖家无论在时间上还是在地点上，都是相对固定地出现在集市上，他们长期赶集，很少有人是做一次性生意的，买家可以很容易再次找到卖家；相反，买家补偿卖家的情况则少得多，因为买家如果想逃避补偿的义务是相对容易的，他可以很久不来集市，就算来赶集也可以轻而易举地避开卖家。但是无论是谁补偿谁，跟赊购与赊销一样，小额度的补偿交易都是口头约定的，不仅不会有任何的书面约定，甚至不需要询问对方的姓名和电话。

除了小额度的补偿交易外，偶有一些额度较大的情况发生。例如，有人在鸽市上购买了几百枚鸽蛋或者在农市上购买了几十斤鳝鱼，一枚鸽蛋现在的价格是 2 元，走高的时候能够达到 2.5~3 元/枚，鳝鱼的价格通常都是 60~80 元/千克，所以每次的交易额度是几百元甚至上千元。通常情况下，大额交易的双方都是一手交钱一手交货，避免产生纠纷。但是也存在一些特殊情形不得不采用延时补偿的方式。一种情况是买家某一次赶集时未曾料到集市上他需要的商品会如此充足，此时买家会临时起意购买远远超过他此次预算的量，于是双方通常就会采用延时补偿的交易方式，买家先把货全部收入囊中，约定下一个集日再来向卖家补齐余款。这样做不仅利于买家囤到足够多的商品，也帮助卖家早早售光所有商品，圆满完成赶集的任务。反之，如果买家某一次赶集碰到了质量好、价格合理的货品时想购买更多，但卖家却无法提供充足的量，此时买家通常会提议先将所有钱款预付给卖家，约定下一个集日找卖家提货。这样做的好处不仅帮助买家提前锁定下一次的优质货源，也帮助卖家提前完成了下一次集日的生意，提高了交易的效率。大额的补偿交易，虽然其风险性陡增数倍，但是人们通常还是采用口头化的约定，只是会记录下对方的姓名、联系方式和家庭住址。

二、预期交易

此外，还有一种更为特殊的交易类型，那就是买卖行为的发生与交易关系的确立完全分离。这是指买卖双方由于某种原因无法一手交钱一手交货，于是双方就先将这笔交易确定下来，买方要担起购买义务，不会选择其他卖家，卖方也要担起销售义务，不得将货物销售给其他人，之后他们选择在某个集日来完成最后的一手交钱一手交货。这种形式通常出现在产量稀少且额度高的稀缺商品交易中。例如，一个人想在果市上购买10斤本地产的樱桃，但是这位买家的需求在西镇集市上是很难得到满足的。每年的樱桃季，西镇本地樱桃的产量非常小，一来没有农民专门种植樱桃，通常都是种上一两棵樱桃树作为补贴家用，每一次采摘总共也不过十来斤甚至只有几斤，买家很难一次性地买到10斤的量。在这种情况下，买家会在集市上选择跟某一位或几位樱桃卖家进行协商，约定下一次集日专门为他准备好10斤的量，届时他会来付钱拿货，卖家也承诺将在下个集日准备好足量的樱桃，或者是为其预留他想要的数量。

在这种交易类型中，买卖双方的交易关系已经确立好了，他们各自承担的义务都在二者的协定中有了明确的规定，但是他们并不就此签订契约等书面保证，仍然只是口头化约定所有的隐性条款，然后根据协定的时间和地点，最终支付费用取走商品，完成"买"与"卖"这样一个行为过程。笔者将这种先确立交易关系，之后再完成实际买卖的交易类型称为预期交易。显然，预期交易也存在风险，或是卖家准备好了足量的商品，买家却反悔不卖了；或是卖家没有按照约定为买家准备好足量的商品，甚至是将商品卖给了另外一个出价更高、需求量更大的人。但是，这种毁约的情况却极少发生，我们将在后文中一并分析其背后的信任机制。

第三节　交易纠纷及其解决

不论是赊购与赊销、补偿交易还是预期交易，由于都是基于口头协议，对于买家和卖家双方都是存在风险的。但是基于乡村地区的实际状况，一手交钱一手交货的买卖并不能完全满足赶集者的交易需求，风险性的交易固然可能带来损失，但仍被人们一直实践着，成为集市交易功能的长期构成部分。

按照常规，要规避交易风险，最好的方式就是改口头协议为合同等书面契约。然而这对于农村集市的交易而言，是不可能实现的一种风险管理策略。首先，农村集市上的交易就算是额度较大时，也不过以千元为单位来计算，人们并不会为此而兴师动众，签订合同对于即时交易来说更多的是一种使得交易复杂化的措施，其带给交易双方的负担远远甚于他们对于可能产生的交易纠纷的担忧。其次，就算采用合同等书面承诺形式，当集市上的卖家和买家在真正遭遇交易纠纷的那一刻，他们也并不知道应该如何利用手头的合同进行相应的维权，以及这种维权对于集市交易而言本身也是一种使得简单事情复杂化的选择，其并不适应乡村社会。在健全的市场经济场域中，因交易而引起的纠纷通常有两种解决途径：一是诉诸相关的法律或者是某交易领域的内部章程制度；二是交易双方根据公平原则自己协商进行制度外的解决。而在西镇这样一个农村集市上所发生的交易纠纷更多地就是依赖于第二种解决途径，不仅是因为交易规模和额度比较小，还因为很多交易关系是临时性、一次性的，特别是很大一部分卖家既不属于法人也不属于工商局备案的个体户，所以正式途径几乎不可能成为集市上交易纠纷的解决渠道。这实则从商品交易的角度呈现了乡村社会中的"无讼"特征。"无讼"不是没有诉讼，而是不选择正式制度中的诉讼途径①，它解决问题的手段并不复杂，但却深深植根于乡村社会的文化机理中。

以赊购与赊销交易为例，做饲料生意的报道人 YTJ 就曾遭遇到一次纠纷。2017 年，一个村里的养猪户在 YTJ 那里赊账购买总计 600 多元的猪饲料，但是一年过去了也不见人前来支付钱款，打电话过去发现是空号，于是 YTJ 就到这位买家的村里去找他。从村民口中得知，原来买家已经举家去往广州打工。但是村民告知了 YTJ 这位买家一个亲戚的家庭住址和电话，通过这位亲戚，YTJ 又联系到了买家同村但不同组的父母亲，由其父母联系了买家本人。最后，赊购人通过汇款的方式从广州将钱打至了 YTJ 的银行账户上。YTJ 本人提起这件事时是这样说的：

"村里人大家都认识，跑得了和尚跑不了庙，除非没有一个人晓得他的联系方式。既然有人能联系上他，不管他人在广州还

---

① 费孝通. 乡土中国生育制度 [M]. 北京：北京大学出版社，1998：54-58.

是在哪里，如果想赖账也不好意思赖，因为我一来，大家都知道这件事情了，除非他以后再也不回来了。就算不回来，他家里的老人也还在我们镇，他不要面子，老人家也要面子。"

这个纠纷事件中，卖家在发现买家欠款一年多仍然不来结算，他便根据买家留下的联系方式按图索骥。在电话联系不到本人的情况下，他便主动去了买家所留的家庭住址寻找，家里人不在，便通过亲戚联系。可见，在西镇集市中的赊购与赊销交易中，一旦发生纠纷，真正起到保险作用的并不是联系电话，而是家庭住址。电话可以换号、不接听、不回复信息，但家庭住址意味着一个人的根在那儿，纵然买家全家都已经不在此处，但他的大部分社会关系尤其是亲属群体还仍在此处。在乡村社会中，家庭住址就是一个人一辈子的坐标系，围绕它分布的是一个人的熟人和半熟人圈子。只要能够定位买家的熟人和半熟人圈子，卖家便基本不用担心买家的欠款问题。即便买家本人不讲信用，这个圈子便充当着另外一种不会随时空变迁而变迁的信用机制。

下面一位报道人 HXG 是经营采石场的，产出的方石主要供给西镇当地农村修建房屋所用，他关于一次补偿交易纠纷的回忆同样也能说明这个问题。

"好几年了，那个时候我还在跟别人一起承包石场，也不是很大一个，就主要是供周围的几个村修点房子、铺点公路用的……也见不得我们几家收入就多高，不过好歹比周围有些光种地的人强。但是我们也要到处去拉买主，不光我们一个石场在做，赶场过节的时候都要到镇上举牌子谈生意……那年 JMB 两兄弟要盖房子，就来我这里买条子石做地基。我们农村人在大账上喜欢拖拖拉拉，因为赚钱都是一年一季地来，于是就打了一个欠条，付了一部分钱，剩下的说是年底打工回来就付清。

我们一般写这种欠条都不怎么商量付款的期限，别人说哪个时候手头的钱不那么紧张了，那时候再给就行了。但 JMB 两兄弟都一个样子，几千块钱拖啊，两年了都没给。我们的石场那个时候都准备不做了，几个合伙人都要散了各做各的事，要转让出去了，但是一些旧账还没收到，于是大家就分头去收账啊。我跟 JMB 不认识，但是晓得他的名字以及是哪个村的，跑去一问就把人问出来了。先是找他们两兄弟，小的看人都找上门了，也就痛痛快快把欠款付了，还招待我吃了一顿儿，怕我出去到处传他赖账。但 JMB 就不爽快了，一会儿说娃儿就要上大学了，钱周转不过来，一会儿又说种的蚕桑亏了。总之乱七八糟的一大堆，花样儿多得很，就是还想拖。跟他说明情况，说石场我不干了，旧账都要清了，合伙人才好把钱的事情扯清楚，但他推三阻四，什么理由都找遍了。不知道那个时候他是不是真有困难，但他的表现就让人很不高兴，冷冰冰的，理由也变来变去，让人都不敢相信他。

于是我就找我认识的人啊，HDK，我跟他一直都熟，他跟 JMB 是一个村的，还是一个大队的，他原来帮过 JMB 的父母不少忙。本来托个熟人去看一下情况究竟咋样的，顺便劝一下，但 JMB 还是不理人，还说 HDK 不厚道，帮个外村人来讨账，一点都不给 HDK 的面子。我心想，真是个不通人情的人，这账他还真赖得掉？我就跟 HDK 找到他们村里头的一个老头儿 ZZX，平时这老头儿很有威信，村里面有事情他都出面的，有时候村干部都要去找他参考一些东西。本来几千块钱的东西哪里需要这么麻烦，主要是 JMB 这人态度首先就不对，哪个遇了这种情况都想骂人。还是那老头儿说话有分量，跟我们一起到他家里摆了一下龙门阵就把问题给解决了。他跟 JMB 说"几千块钱对你来说也不是一个什么大难事，对吧？现在谁还为了一点钱愿意让别人笑话？该付的账付清了大家都轻轻松松的，你不能被别人看扁了啊，是不？咱们村也一直都是红红火火的，大家都老实过日子，要是谁都说我们村不好听的话要不得，那闲言碎语的念都能念死个人！我说句公道话，人家也不是非要硬来讨债，事情到头了该弄清楚账款，爽快把钱付了，认个熟人也不错。"（HXG，2009 年 7 月 28 日）

上述案例中，报道人所经历的交易纠纷是在乡村社会的内部场域完成解决的，并没有诉诸现代国家与市场经济相伴随的正式法理制度。在西镇市场上，即使双方的纠纷持续不断、矛盾持续不减，他们也不可能通过其他正式渠道对簿公堂，如提请工商部门或者是消费者权益部门来疏导问题。如果真要有人这样做，反而会被大家认为是小题大做甚至不可思议。基本上所有的交易纠纷不是在买卖双方自行协商下解决的，就是由中间人来主持调解的。上述案例中，卖家在遭遇买家赖账之后，先是自己去找卖家要账，没要到的情况下便找了对买家父母有恩惠的一个熟人作为中间的调解人，仍然无效的情况下最后找到买家村里一个有社会威望的老者去说服，最终成功要到欠款。在赶集人的认知中，集市上的交易纠纷都是能够通过以集镇为中心的农村区域社会的内部机制得到解决的，他们对此深信不疑。所以当他们遭遇纠纷时，根本不会有太多的思量和斟酌，而是如习惯一般地诉诸根植乡村社会文化中的行动经验。

最后再来看预期交易的一场纠纷案例。2015 年，西镇上开起了几家主打乌鱼片的火锅店，一时间生意火爆。由于需求量大，餐厅老板基本都是购买本地堰塘里饲养的乌鱼，或者从农贸市场购买鱼贩从县城批发而来的养殖乌鱼。另外，每年也会有少量西镇水库里的野生乌鱼和喂养天然饲料的网箱养殖乌鱼售卖，其肉质的口感就比前两类好得多，更受食客青睐，甚至会吸引县城里的人驱车来品尝。但是水库乌鱼的产量很少，且出产周期长，因此每年也就只能在几个时间段内供应，每次供应仅持续四五个集日。因此碰到水库乌鱼上市期间，有餐厅买家就会在集市上与卖家约定好下一次集日的预期交易，这样就能保证下个集日能够得到新鲜且量足的货源。五一路和万寿路交会的转盘旁边有一家生意很好的乌鱼馆，老板跟两个水库乌鱼的卖家一直维持着较好的交易关系。但是，后来他从县城鱼贩那里买到了据称是另一处水库的货源，口感好且更加便宜，于是接连发生了好几次爽约。后来由于县城鱼贩的货源总是出问题，无法保障餐厅的需求，但是当餐厅老板再次转向西镇水库的鱼贩时，发现他们暗自形成了一个同盟，都以各种理由不再为这家餐厅特地留存货源，这位餐厅老板只得在每次集日里如其他普通买家那样去抢购为数不多的乌鱼。不够数的时候，就用口感较差的乌鱼掺杂其中，生意便越做越差了。这位老板不甘心，后来找到一些人脉关系准备入伙水库的网箱养殖，试图从乌鱼的购买者变身为养殖者，自产自销。但最终因为几个鱼贩从中作梗，他的打算落空。

如前所述，预期交易的商品通常是具有稀缺性的，这种商品无论是卖家还是买家，数量都很少，且都是固定的那一批人。双方不仅在集市上抬头不见低头见，在乡村社会高度的人际关联中，双方还可能本身就是相互认识的人，是可以做到一定程度的知己知彼和相互制约的。因此只要谁不遵守约定，日后在西镇集市上的口碑就会受损。对于毁约的买家，卖家们不会再专门为他提供商品；对于毁约的卖家，买家们以后也不会再光顾他的生意。

第四节　乡村社会中的交易管理

实际上，上述三种交易类型即口头协议的赊购与赊销、补偿交易和预期交易都是带有一定风险性的交易类型。对于交易风险，现代社会中有各种基于经济和法律的管理技术，其中保险是社会变迁过程中信用管理技术的一个突破[①]。但是在西镇集市上所出现的风险性交易，赶集者并没有独立化、专门化的风险管理技术施以保障。西镇集市上有的只是一套潜藏在乡村社会中的非正式制度在应对这一切，那就是乡村社会中"熟人和半熟人社会"的文化机制。费孝通早在70年前就对乡村社会的人际本质有了精准的认识，他认为乡村社会的常态生活在地方性的限制下乃终老是乡，

---

① CAROL A H. Solving the problem of trust ［A］//KAREN S. Cook trust in society. Russell Sage Foundation，2003：40-88.

人们平素接触的人就像自己的父母一样都是与生俱来的人物，不是选择的结果而是先验环境，人们之间连打个招呼都显得太过于客气，所以这是一个只有"熟悉"的社会①。

一、熟人社会中的风险处置

在熟人社会和半熟人社会中，一是人与人之间的联系是血缘关系以及由此扩大的宗族性关联；二是社会的结构性状态是自然经济的、自给自足的，流动性小。这种社会与文化特征从以下三个方面作用于集市交易的风险管理。

第一，在熟人和半熟人社会中，人与人之间的熟悉度和情感度都非常高。卢曼（Niklas Luhmann）将社会信任分为人际信任和制度信任，前者是建立在熟悉度及人与人之间的感情联系的基础上，这个定义的贡献在于使得人际关系与人际信任发生了直接联系，即熟悉度和情感度与信任是呈现直接因果的，虽然前者不是后者的充分条件②。而早在费孝通的论述中，这种联系就已经以非定义的非学术化的口吻提出来了，他认为乡村社会的信任并非没有根据，它就是从"熟悉"里来的③。因此乡村社会里，人际关系间的熟悉度和农村共事的情感性都使得乡村社会的人际信任能够较为容易地形成，这种信任是特殊主义式的信任，呈现的却是普遍化的分布态势。中国乡村社会的这一文化机理即使是遭遇到现代性的冲击，与国家进驻和全球化进程迎面相碰，也还未也不会被彻底地消解掉。在这样的社会中，

① 费孝通. 乡土中国生育制度 [M]. 北京：北京大学出版社，1998：9-10.

② 梁克. 社会关系多样化实现的创造性空间：对信任问题的社会学思考 [J]. 社会学研究，2002（3）：1-10.

③ 同①。

人们更容易拥有一种存在主义式的"本体性安全"（ontological security），对其自我认同之连续性以及对他们行动的社会与物质环境之恒常性充满着基于无意识的信心①，所以乡村社会在高熟悉度与高情感度中拥有较为稳定的普遍化的社会信任。

第二，高熟悉度和高情感度也使得乡村社会中人与人之间分布着极为稠密的信息通道，这使得一个陷入纠纷的人想要逃避纠纷、消失遁形是几乎不可能的，因为人与人之间的关联性非常强，即使无法直接与某人建立交流，也能够通过一个或者多个中间人达到信息的通达。就如前面所述的报道人 YTJ 讨账的例子，那位买家本来是有赖账的企图，但是即使他举家搬出到达一个未知的地方，他也仍然会与家乡的某些人保持着联系，不管是主观的联系还是客观的联系。这位买家到了广州，但是他的亲属还在本村，即使亲属不在本村，也有朋友之类的其他社会关系在本村或者镇上，他们或多或少地与买家保持某种联系。就算此人在本村已经没有什么社会关系了，但是村里的其他人是熟悉买家的，村民们或多或少会与买家在其他地方的社会关系有所关联。

上述的普遍信任和稠密的信息通道帮助买卖双方扫清了对交易风险的担忧，尽快促成了对交易的发生，并尽可能地避免之后出现纠纷。于是，诸如基于口头协议的赊购与赊销、补偿交易和预期交易等交易类型才能在集市上有条不紊地进行且长存下去。这套能够让买卖双方都认可的熟人社会机制延展了经济交易的可能性，使得"买"与"卖"不存在于同一时空，但是交易双方相互的义务能够对应履行；货币与物品之间不能做到即时的等值交换，但是有办法来弥补这个价值差；买卖行为的发生与交易关

---

① 安东尼·吉登斯. 现代性的后果 [M]. 田禾, 译. 南京: 译林出版社, 2000: 80.

系的确立相分离，但是交易关系能够承诺买卖行为的将来完成时态。

第三，熟人和半熟人社会中人与人之间的高熟悉度和高情感度还决定了乡村社会更加重视"人情"与"面子"以及社区内部有着更强的社会惩戒效应。在交易纠纷产生之时，这两项机制与稠密的信息通道可以合力帮助买卖双方更加高效率却又低成本地解决纠纷。

虽然现代性所带来的社会的陌生化在西镇的年轻人群中悄无声息地上演，但是西镇上既存的熟人和半熟人关系却因为现代信息技术的运用变得更为巩固，人与人之间的信息通道密度不降反升。这种对周围人际环境的高度知晓与卷入，无疑是当前乡村社会中难得的一种"地方性知识"，买卖双方就是靠着这种地方性知识来解决纠纷的。简而言之，当赊购与赊销、补偿交易和预期交易中出现纠纷时，买卖双方打听到、联系上甚至上门寻找到对方并不是什么难事，双方都无法轻而易举地逃脱口头协议的追溯。

从前述 HXG 的纠纷案例中可以看到，他找寻买家所在的村庄和具体住址都因为乡村社会稠密的信息通道而不费吹灰之力。但在直接交涉无果之后，他首先通过与买家共同的熟人 YDK 去帮忙要账，HXG 都很好地利用了村落社区中的社会惩戒效应。希望凭借"人情"（YDK 对买家父母有恩惠，买家需要还 YDK 这个人情）的"面子"（YDK 对买家父母有恩惠，所以买家需要给 YDK 面子）的机制解决问题。研究者认为，人情是在施与和回报的过程中，面子是在紧密关系的关联中，共同促成了施予者相对于亏欠者权力的确认，进而迫使后者必须要"还人情"和"卖面子"，从而使其在某一件事情上做出让步与承诺。可以说，"人情"和"面子"是熟人和半熟人社会中非法律纠纷得以解决的微观文化机制①。当然，人情和面子在利益的正当诉求中也不是被极端地利用，只有在利益诉求和关系情理两方面做适当的取舍，达至各个方面的均衡，才是乡村社会中人们所要实现的"正义"②。

当 HXG 发现 YDK 的人情和面子关系仍然于事无补的时候，他寻找到了买家村落中的权威老者来做纠纷的调停者，并最终解决了问题。在这里，HXG 利用的是村落社区中的社会惩戒效应。当村落社区里的某人陷入交易纠纷，且自己是非正义的一方时，当另一方亲自找上门，他在社区里的形象便一扫而光了。而在 HXG 的案例中，他除了利用普通的舆论压力，还将社区中的权威人士引入纠纷的解决过程中，这无疑增加了社区惩戒的力度和预期。首先，买家自身的负面形象会引发社区予以其不讲诚信，拖账赖账的负面裁定，这种负面裁定通常会采用闲话、人际疏远和信任抵抗的制裁形式，它们是作为个体行动的社区成员自发表达出来的责难和非议，是一种组织和习俗之外的泛化裁定，并且在任何社会中，负面的裁定总是比正面裁定更明确③。同时，买家的行为给社区名誉蒙上的阴影更是冒犯了社区共同体的集体意识和中心价值，他的行为对抗了群体，打破了社会相似性所产生的社区凝聚力④，因此社区成员必定会给予他一定的惩罚，这也就促成了赊购人的内省与自我监督，用拉德克利夫-布朗的话来

① 翟学伟. 人情、面子与权力的再生产：情理社会中的社会交换方式 [J]. 社会学研究，2004（5）：48-57.

② 易军. 熟人社会中的关系与非正式纠纷解决 [J]. 云南大学学报（法学版），2008（5）：140-145.

③ 拉德克利夫-布朗. 原始社会的结构与功能 [M]. 潘蛟，王贤海，等译. 北京：中国社会科学出版社，1999：230.

④ 埃米尔·涂尔干. 社会分工论 [M]. 渠东，译. 上海：生活·读书·新知三联书店，2000：33-72.

说就是："存在于一个社区中的裁定促成了个人遵循习俗来约束其行为的动机……在最广泛意义上，所谓的良心实际上也就是社会裁定在个人身上的反射。"① 这种"反射"在中国社会，特别是传统乡村社会的典型情态，便是人们对自身和关系密切者的"脸面"的保护。这种效应正如一位镇街上的个体户所说：

> "一般这些人都会来付账的，一直都是这样的。大家都是做小本生意，要耍赖的人还是很难遇得到，只要我相信他们，那他们也还是就很自觉的……况且就算有人真的不还钱，我不是记了他们的家庭地址吗？还可以上门去要啊。不过一般都不会出现这种情况，集市上做生意，说话还是算话，不管是买东西的还是卖东西的都有……熟人熟事的多得很，想赖账的话，周围人都晓得，说出来不光彩的嘛。"（匿名，2018 年 8 月 5 日）

综上所述，乡村社会的熟人和半熟人特征给予集市上的交易双方进行风险规避和纠纷解决的四项机制：普遍化的社会信任、稠密的信息通道、人情与面子作用和社区内部的惩戒效应。在 HXG 的案例中，他从与 JMB 进行口头协议的延时补偿交易，然后在 JMB 不按期补齐货款的情况下，打听到对方的住址并亲自登门欲求协商，再到协商未果时找到双方共同的"熟人"调停纠纷，调停未遂之后又将希望寄托于 JMB 同村的权威人士才最终解决问题，这一系列过程完整地呈现了上述四项机制在集市交易管理

---

① 拉德克利夫-布朗. 原始社会的结构与功能 [M]. 潘蛟，王贤海，等译. 北京：中国社会科学出版社，1999：230-231.

中的作用。

二、交易管理的"内部化"与"伦理化"

这四项基于乡村社会熟人和半熟人特征的交易管理机制，实则允诺了乡村社会经济关系领域中"无讼"的可能性。由费孝通提出的"无讼"社会，并不是说没有诉讼，而是乡村社会中的人会将纠纷化解于乡村社会中的礼治以及由此延伸出来的人情和面子文化中，使得交易得到"内部化"和"伦理化"的管理，既高效成本又低。在西镇的集市上，交易首先可以在乡村社会的场域内部得到有效管理，如直接协商、求助于中间人、诉诸社区惩戒等，而不必求助于外在的正式制度的介入，包括市场管理部门和法律制度的参与。其次，集市是基于人伦逻辑而得到有效管理的，伦理化的管理也必然是一种内部化的管理，伦理化的管理意味着管理的价值标准和程序运作都是从人伦逻辑出发的。"人伦"是指"从自己推出去的和自己发生社会关系的那一群人里所发生的一轮轮波纹的差序"①。费孝通的这个定义以及他著作中的论述在强调人伦中"有别"这一个因素，如神鬼、君臣、父子、贵贱、亲疏、爵赏、夫妇、政事、长幼、上下这"十伦"无一不是强调了差别和次序。这些差别和次序不断向外扩展，越处于外层的人与中心点上的人关系越远，"伦"的水波纹的间隙越大，那么这意味着越往外的人与处于中心点上的人的伦理关联是越淡漠的，以伦理来约束他们之间的责任、义务和权利是越困难的。对于传统社会来说，责任、义务和权利关联状况有一个边界，即熟人或者半熟人这层圈子，跨过这层圈子，那么就跨出了人伦关联的边界。所以，"差序"这个概念不应该被忽

---

① 费孝通. 乡土中国生育制度 [M]. 北京：北京大学出版社，1998：27.

略的一个方面就是"有别"之外的"共性"，只要在这个圈子里，不管波纹推动到哪一层，它们彼此之间都存在人伦关联，都有相互的认知和社会往来，都意味着相互的责任、义务和权利。当这一系列的相互作用关系遭遇农村市场上的交易管理时，它就变成了一种监督和支持。乡村社会普遍化的社会信任、稠密的信息通道、人情与面子作用和社区内部的惩戒效应，这四项交易管理机制无一不是在熟人社会这个人伦边界内、因社会具有人伦关联而形成的社会特征。

其中，人伦社会之特征体现最为明显的是人们对"人情"和"面子"工具的运用。利用"人情"，未完成的交易可以最终完成，积累的利益冲突得到化解；利用"面子"可以唤起内心自我惩戒，规避有心作为的某些交易风险，此时的"面子"这一人伦关联的产物便化作了基于主体意志的道德力量。这些机制在现代化的市场经济的交易中不能说没有出现过，但是它们对于非传统的契约化交易中的交易管理来说，只起到一个有限的补充作用。但是，在西镇的农村集市上，它们则可以独立成一个体系，完全支撑交易双方对对方的信任，当事者据此对交易进行取舍，对纠纷进行处理。

不过，这并不说明在人际信任更为普遍的乡村社会可以基于人伦逻辑而实现交易风险和纠纷的内部化管理，就一定能够形塑集市上市场主体的信用观念，乡村社会中的非正义行为在卷入国家权力和市场经济洪流之后，更多的是"具体行动者和村落规范、已存关系和然性处境、涵化的一般过程和个体为生存选择的交汇结果"①。但是这不妨碍西镇集市上的各种

---

① 朱晓阳. 罪过与惩罚：小村故事1931—1997 [M]. 天津：天津古籍出版社，2003：287-288.

基于口头协议的非常规交易类型的存在和延续，因为对于风险，西镇集市上的买卖者应该是有底线认知的，而不是置风险全然不顾，只是这种风险因为前述四项交易管理机制的作用而较少发生，即便是发生了人们也能够从容应对，对风险的担忧并不外化为显性的管理技术，如签订合同、诉诸官方部门等。绝大多数情况下，"熟人和半熟人"的社会特征与文化机理都对交易关系的正常建立和维持起到了积极的支撑作用，交易秩序在此基础上不但正向生长，而且它不借助现代国家与市场概念的内部化管理过程，从而节约了大量的社会成本。

依照社会主义市场经济的法治进程来看，乡村的熟人社会特征并不是一个能够完全依赖和放任扩展的市场秩序机制。甚至有学者认为，为了抑制熟人社会的过分发育，避免它对社会主义法制社会、社会主义市场经济、和谐社会与公民精神的腐蚀、摧残、破坏和瓦解，全民需要共同面对的是如何通过国家的现代化建设、成熟市场发育、公民意识培养和公民社会成长的良性互动，从而消解熟人社会①。对此笔者表示难以评价，然而所有人都应该看到，任何一种看似背离现代性的但仍在发挥作用的社会逻辑，都是维系社会完整性与文化多样性的功能性要素，特别是那些能够降低社会运行成本、减少制度化投入的秩序性逻辑，关键是怎么将其与当前的现代目标协调起来，服务于现代化的转型升级。

---

① 铁锴. 熟人社会及其根治的社会政治学分析 [J]. 河南大学学报（社会科学版），2009（3）：75-79.

第六章　结论与讨论

市场秩序在关于市场经济的讨论中是一个核心议题，要建立和维系市场秩序，离不开市场规律的作用和正式制度的保障监督。但在中国的农村集市上，市场的有序组织和运转却更多地依靠非正式制度的作用，这套制度不仅作用于交易行为上，也作用于市场的进入与使用以及空间的划分与配置上，这使得市场的"秩序性"在农村集市这个场域中显现出更为丰富的内涵。

第一节　嵌入地方的市场

在民国时期的川渝地区，政府对作为乡村地区经济中枢的集市非常重视，会结合集市本身的非正式规则体系制定市场管理的诸条款。例如，巴县八庙堂就有完善的市场章程：①规定场期。定场期为三六十日。②市场风气。只许商民"以货物登市贸易，凡夺技淫巧，有坏风俗事端，概行禁止"，而且不许"结盟聚众"和"摇钱赌博、开设烟馆"。③交易规则。买卖货物"听民面议成交，不许奸商巨贾从旁怂恿，把持行市"。④市场区划。各项货物如米粮、牲畜等"分别安置立市成交"。⑤排解纠纷。设一处作为"公地",有纠纷则"凭众理剖",以免"酿成事端"。① 今时,集市已经不再是乡村经济的中枢,而是对于特定商品、特定人群而言暂时还不可或缺的一种经济载体,它适应于当前农村社会经济的发展现状,是在城镇化与现代化还不够充分的情况下对社会主义市场经济的一种补充。当下政府在集市运转中的作用限于两个板块:一是作为经济管理者,对集市商品的基本质量进行定期检查,履行监督职责;二是作为城市管理者,对集市的空间和环境进行基本的治理。至于集市如何组织和运转,如何以一种秩序化的状态满足乡村社会的物资交换,如何发挥好补充性的经济功能,管理者并不会去深究,却给关于非正式制度、民间智慧和地方传统的探讨留下了充足的空间。

一、集市组织和运转的三个维度

本研究从西镇集市的个案出发,从三个维度勾勒一个中国乡村市场的组织和运转秩序。

首先,集市的时间规则。它包括集期的安排和摊位的占用,呈现的是市场主体如何有序进入和使用市场,从而为交易活动营造初始秩序的问题。它包括三个层次:第一个层次是集期规则,是一个以旬为单位的周期性时间框架。集期规则既可保证单个市场上的商家有足够的时间补充货源,消费者也可以合理地安排生产生活与购物消闲的时间,还可以保证一个区域内的每一个集市尽可能地有独属的集日,从而不会与同级市场和上

---

① 王笛. 跨出封闭的世界:长江上游区域社会研究(1644—1911)[M]. 北京:中华书局,2001:234.

一层级的市场形成冲突，使得每一个市场都能维持一定规模的交易。第二个层次是以年为单位的周期时间框架。即在年的尺度上，一个市场主要售卖什么，其中的摊位主要由谁使用，其主要的商品交易功能是什么，也有一个循环规则，它服务于时令性商品的交易。第三个层次是在一个集日中，要解决一个摊位什么时候该谁用、怎么用的资源分配问题。该问题实则可以化约为"先来后到"的次序问题，需要的是一个线性的时间规则。在时间规则体系的背后潜藏的是一种靠文化濡化延存的"让与"之风，它与传奇书写中的中国商贾精神和正统书写中的人伦差序关系保持了一致，由此形成了集市上摊贩们去身份、去结构的"阈限"状态。

其次，集市的空间划分。它关注的各专业市场是如何划分集市的空间，形成独立运作但又相互配合的区位格局，以保障集市交易功能的完备性与整体性。西镇的赶集者从身体习惯与经验常识出发，人们或依照河流等自然条件设市，或依照交通的便利性设市，或出于不同交易之间环环相扣、依存共赢的目的设市，或依照消费者的购物线路设市，或利用政府项目的优势设市，或是某社会群体出于对公共领域的诉求而引导了市场空间的形成，最终自发形成了合理的区位格局。这一切都源自西镇人对生活"舒适"和"效率"的本能追求，是在赶集者认真对待和悉心经营日常生活的过程中逐渐优化而来的，是一种以生活本身为目的的"常人理性"的作用结果。当它已经上升为当地人的习惯与常识时，便能对有悖于生活逻辑的市场治理工程形成反诘。

最后，时间规则与空间划分都是为了实现市场本职功能即交易活动的顺利进行。最后一个维度呈现的是集市上有别于一般性交易的特殊交易类型及其风险规避和纠纷解决方式，从中窥探交易活动是如何适应其所处的社会文化场域，又是如何运用该场域中的社会文化机制对交易进行管理的。在西镇集市上，乡村熟人和半熟人社会的高熟悉度与情感度特征，给予交易双方普遍化的社会信任和稠密的信息通道，从而对交易进行风险规避，同时亦通过人情与面子作用和社区内部的惩戒效应，帮助解决交易纠纷。如此一来，在无须正式制度介入的情况下，仅仅依靠口头协议，交易双方各自的需求便能得到有效满足，各自的权益能够得到有效保障，各自的义务也能得到切实履行，从而使得交易活动得到高效且低成本的"内部化"和"伦理化"的管理，体现了乡村社会在经济关系领域中的"无讼"状态。

通过对上述三个方面的描述与分析，我们可以看到当前的西镇集市虽然面对的是一个更为开放的、信息化的区域或全国市场，但是它仍旧依靠着从日常生活中生成的和从传统中承袭下来的非正式的市场制度在有序地组织和运转，于乡村社会中发挥着暂时不可或缺的经济功能。这套非正式的市场制度不仅包含交易这项市场本职活动的规范，还作用于时间的安排与空间的使用，因此我们在谈论集市何以有序组织和运转时，至少可以从时间向度、空间向度和交易向度三个方面进行理解。

二、乡土社会中的地方性市场

我们从个体行动中看到了西镇集市得以有序组织和运转的微观生成机制与动态过程——西镇人将这套非正式的市场制度进行有意识或无意识地理解和运用，化为对常人理性、传统经验和文化规训的遵循，从而建构了西镇集市的市场秩序。这套市场制度生成于乡土社会的文化机理之中，适应于乡土社会的发展现状，能给予乡土社会的经济运行以保障，它明显有别于一般性的市场规律与科层制的监管体系，超越了经济学和制度主义范畴内的"看不见的手"和"第三只手"的正式制度体系，带有深刻的"地方性"色彩。当这套市场制度在长期的实践中内化为市场主体的常识与本能时，它便成为当地人关于满足物资需求、关于交易、关于经济的知识系统与观念体系的一个组成部分，从而具备了文化属性，成为地方文化的组成部分，"地方性"色彩得到进一步强化。简而言之，这套市场制度是"嵌入"西镇的乡土社会与文化中的，受到后者的塑造与维系。在嵌入的状态中，人们往往并不能知觉到这种结构性力量的存在，而是在无数的经验验证和他人的言传身教中形成了一种习惯。只不过在进入市场时，西镇的赶集人或是主动利用该制度的作用，或是被动接受该制度的制约。正如马林诺夫斯基所说："习惯的力量，对于传统要求的警卫和对情感的传统依附及满足公众舆论的需要——这一切的结合，使得习俗由于自身的缘故而被遵循"。①

前人的研究在讨论集市嵌入社会与文化时往往只关注到集市的交易行为如何受到社会与文化的影响和规训，却忽略了集市的组织和运转不仅体现在交易环节上，而且还需要对赶集的集期进行安排，对摊位的使用进行分配，对集市的功能性空间进行划分，商贩们才不会在生意上有所冲突，消费者才能得到最优的购物体验，集市的交易功能才能得到最大化的发挥。本研究既针对交易行为本身，又针对集市的时间和空间安排，综合性地探讨集市的有序组织和运转是如何可能的，其中起作用的那些规则是如何嵌入在社会与文化之中的。从时间、空间和社会三个不同向度切入与阐

---

① 马林诺夫斯基. 原始社会的犯罪与习俗 [M]. 原江，译. 昆明：云南人民出版社，2002：33.

释的视角也比单一地讨论交易制度本身会更加容易窥探到中国乡村基层经济与日常贸易的运行本质。

值得一提的是，上述非正式市场制度的作用也不是绝对化的，不可能无时无刻、无处不在地发挥作用，市场主体也不可能都会遵照，价值规律和国家制度也并非无足轻重。这项粗浅的研究只是为了提供市场秩序的"地方性"这一视角，呈现较为理想化与民间性的一面。但就本研究的田野经验来看，西镇集市的组织和运转在当前的确更多地依靠了地方性的市场制度。

同时，集市上的市场制度对于社会文化的嵌入性也并非绝对化的。它既具有根据价值规律定出价格的市场性，又具有嵌入于乡村社会文化结构之中的社会性，只是在横向的比较维度和纵向的变迁维度上具有不同的侧重。在横向的比较维度上，定期小集市一般嵌入在自然村里，场地一般是村内的街道、几个村庄之间的交会路口，以及诸如寺庙等具有纪念意义场址附近的空地上。这种集市的地理空间很小，覆盖面很窄，仅有两三个村子，参与主体也大都是附近村子里的村民，基本上都非常熟悉。与定期小集市相比，定期大集市大多脱嵌于自然村落，更多位于镇上或县城，辐射范围较大。这种集市主要以商品交换或大宗商品集散为主，商贸是市场交易的主体。这类市场更加专业化，根据商品的种类分为不同的专业市场，更为重要的是许多职业商人和半职业商人成为市场主体。因此，谋取价值成为进行交易活动的根本目的。由于脱离了村落共同体，集市上的交易者之间熟人关系减弱，另外卖家和消费者角色分离，不再是为了买而卖，也不再为了调剂余缺，更多的是为了追求利润，获得较高收益。因此，大集市的社会功能减弱，市场交易功能增强，这种集市特征更符合形式主义分析模式中的形象。庙会是小集、大集之外农村的另一种交易渠道。庙会交易受传统乡村民约的约束较弱，但是受庙会文化结构的影响较强。它嵌入于传统乡村文化之中，特别是宗教文化之中，社会性强于市场性①。

在纵向的变迁维度上，1978 年以来，中国经济发展的基本方向是市场化，农村经济是中国经济的重要组成部分，中国经济的改革正是从农村起步。流通体制改革的启动，集市贸易的开放，促使了农产品集贸市场的迅速恢复和发展。但是集市买卖的商品或交易内容发生了变化，外面进入乡村的商品已经多于乡村向外输出的产品。在市场化的大背景下，农村集市已发展成为外部大市场在乡村的消费市场。另外，更为重要的是农村集市与农民社会生活关系，集市在乡村社会系统中的位置、结构特征也发生了变化。今天的乡村集市已经在复兴传统的基础上有了重要发展，乡村集市的发展意味着乡村生产和生活的市场转型在加速，市场已经成为乡村社会关系系统越来越独立的、越来越不可缺少的构成部分，其功能也在逐渐去宗教化、娱乐化及综合性，而单纯经济功能则在不断强化②。

第二节　农村集市何以不败？

一、集市之于乡村的意义

农村集市的首要功能是满足农村地区的物资交换与经济需求。在传统

---

① 徐京波. 从集市透视农村消费空间变迁：以胶东 P 市为例 ［M］. 上海：上海三联书店，2017：22-24.

② 同①：24-26.

中国社会中，长江上游的集市总的经济意义主要由三个因素决定：①它向其经济区提供商品与劳务的作用；②它连接经济中心地的销售渠道结构中的地位；③它在运输网络中的位置。农村集市既可作为输出市场的起点，也可作为农民日常生活品销售的终点。它依赖高一级市场销售其聚集的土特产品，又将高一级市场运来的商品出售给农民，从而取得承上启下的作用，成为商品流通网络中的一个最基本的环节①。

到了现代中国，农村集市的基本经济功能不仅没有发生改变，还在改革开放初期为我们的经济发展做出了特殊的贡献。一是集市为农民的剩余农副产品提供了一种直接的销售渠道，是居民购买副食品的主要场所，并作为农民生产城市市场供应短缺的优质农产品的一种手段。农民通过在农业上投入更多的努力来增加其收入，亦可间接地丰富城市人口的饮食种类，这反过来又促进了农民商品经济意识的增强及从事商品经济活动能力的提高。二是集市是农产品流通领域购销个体户、联合体的主要活动场所，对调剂余缺、互通有无、促进农村剩余产品同城市商品的交换具有重要作用。三是集市活动虽然并不具有严格的商业性质，但是它具有重要的中心地功能。市场是通信、革新和娱乐的中心，到市场的旅行通常是多目的的。频繁上市的人员不仅从事商品的买卖活动，而且从事社会、娱乐、宗教等非商业性活动。集市除作为交换中心外，还可以产生增长的扩散效应，从而加速农村发展过程②。

时间进入当下，人们购物的方式已经发生翻天覆地的变化，在农村地区，生活必需物资的销售与流通已经大规模地聚集至商超业态中，同时，

---

① 王笛. 跨出封闭的世界：长江上游区域社会研究（1644—1911）[M]. 北京：中华书局，2001：232.

② 石忆邵. 中国农村集市的理论与实践 [M]. 西安：陕西人民出版社，1995：72-75.

网络购物也在西南乡村地区得到了较好的普及。因此，当前农村集市的经济功能必然是有所减弱的，但是如西镇的集市那样，当下的中国农村集市却并没有完全消退。笔者的两次调查相距十年之久，除了过年期间赶集的人没有以前那么多了，平时的集日里，西镇的热闹程度不逊于当初。究其原因，对于乡村社会而言，农村集市在当下仍然发挥着一些不可替代的作用。

第一，西镇可以提供商超和网上购物平台无法提供的一些物美价廉的初级产品。其中主要是农产品，包括供普通消费者购买的水果、家禽、家畜等食物以及供农民自己所用的农用手工器具和天然饲料。另外就是一些无法出现在商超而网上购物平台又无法满足现场验货需求的特殊商品和服务，如西镇的鸽子和鸽蛋交易，以及见缝插针分布在集市各处的农村游医服务。这一点，中西方的集市、古代与现代的集市并没有太大的差别。例如，布罗代尔是这样描绘西方的集市功能的：

> 初级集市之所以几千年来原封不动地保存下来，这肯定是因为它的简单朴实是无法超过的；容易腐烂、不宜存放的食品直接从附近的田园运来，自然十分新鲜。价格低廉也是一个原因，初级集市是最直接、最透明和监督得最好的交换形式，那里进行的主要是"第一手"交易，避免了欺骗。或许可以说是最公正的交换形式。布瓦洛的《行业志》（于1270年前后写成）说得好："送食物来集市出售，这才叫公道合理，货物的优劣和价格的贵贱，都在众目睽睽之下；集市出售的东西，无论贫富，大家都能

购买"。用德语的说法，这是"手握着手、眼对着眼的贸易"①。

第二，如今城镇化进程仍在不断加速，在乡村空心化明显，年轻人普遍外出打工，村落社区公共生活越发衰落的今天，集市的社会交往功能比以前更加重要，同时，赶集也是一种成本低廉的消闲方式。正如布罗代尔所言：

> 集市处于人际关系的中心，饱含哲理的俗谚足以为证。这里试举几个例子："沉默寡言的审慎和体面除外，一切都在集市出售。""买下没有上钩的鱼，到头来只会落得一场空。"谁不懂买卖的诀窍，"到集市上一学便会"。"既想着自己，也想着集市"，这等于说，也想着别人，因为集市上不会只剩下你孤身一人。一句意大利谚语说，聪明人"交易场上的朋友胜过柜子里的钱款"②。

相较于布罗代尔，王笛对集市社会交往与日常消暇功能的描述则更加贴近中国西南乡村地区的真实生活：

> 集市也是重要的社交场所。集市内一般设有酒店、茶馆，是农民的聚会之所，"市集之期，茶房酒肆，沉湎成风"。各处乡民"聚会皆以集期"，"持货入市售卖，毕辄三五群饮"，"即子衿者

---

① 布罗代尔. 15世纪到18世纪的物质文明、经济与资本主义（第2卷）[M]. 顾良，施康强，译. 上海：生活·读书·新知三联书店，2003：5-6.
② 同①：8.

流亦往往借市肆为宴会之场"。那些平时因散居而显得闭塞的人们在那里传播各种信息，诸如当地新闻、官府政令、婚丧嫁娶等。人们在那里交流感情和增广见闻，商人在那里洽谈生意，高利贷者在那里商谈放债，媒人在那里撮合婚姻，巫师、道士在那里卜卦算命，民间郎中在那里切脉看病，拳师在那里舞刀弄棍，跑江湖者在那里兜售假药，文人墨客在那里说天道地，民间帮会在那里招贤纳徒，结兄拜弟，……真可谓三教九流，无奇不有。

集市也是人们消遣娱乐的地方。大多数农民在一生中，从孩提到垂老活动的范围就在周围若干集市之内。他们在那里发蒙和成长，集市上的迎神赛会、庙会、闯江湖者的表演、戏班的剧目、往来客人的谈吐……，都塑造着他们的心灵和行为方式。集市可以说是他们接触外界的一扇窗户。所以说集市的作用和功能恐怕很难仅从经济一个侧面所能概括得了①。

除了上述特殊的经济功能和社会交往功能之外，农村集市到现在为止依然存在且盛行的另一个重要原因，是其交易特征本身适应了农村经济和乡村社会的现实状况。在西镇，最为典型的例子便是农民的赊购与赊销，这是一种延时完成的交易活动，但却依靠着熟人和半熟人社会中的信用关系，卖方养殖和种植等及时的农业需求得到了提前的匹配。之所以赊购与赊销在西镇这样的农村集市中依然常见，是因为这种交易方式很好地适应了农产品的周期性特征以及农民相对较低的盈利和储蓄能力。无论是农作

---

① 王笛. 跨出封闭的世界：长江上游区域社会研究（1644—1911）[M]. 北京：中华书局，2001：235-236.

物还是家禽家畜的养殖，都需要一定的生长周期才能收获和出栏，其盈利是周期性的，必须要有一定的时节，种植者和养殖者才能赚到一笔钱，加之现在留守在家乡的农民以中老年居多，他们往往没有过多的储蓄用于随时支付，因此集市上很多赶集人的支付能力也呈现出了周期性的特点，赊购与赊销正是应这样的特点而生。这样的交易方式由于其信用风险问题在当下的普通市场和网络交易中已经很罕见，且事实上绝大部分人对于这种交易方式也没有需求。但它在农村集市中仍然被大家实践着，说明它与农村经济和社会的某些现状是相吻合、相适应的。

又比如，这个年代几乎只能在农村集市上才能见着的游医（指无固定诊所四处行医的人）。这些游医都是有一定的中草药知识以及处理外伤甚至骨折的基本技术在手的，他们能够处理一些基本疾病，缓解一些基本伤痛，但是收取费用并不高，看病的过程简单，不用去医院经历挂号、签到、等待、交费、排队取药等一系列麻烦的过程，因此深得一些年龄较大的农民朋友的欢迎和信任。集市游医的存在既匹配了其受众群体的消费能力，又迎合了这部分群体集日上街赶时间的需求，以及不熟悉医院程序的心理特征。

综上所述，农村集市在当下的存在不是一种文化遗留，也不是简单地可以用"经济还不够发达"来做发展主义式的解释。它在当下的中国乡村社会中，仍然是根系深埋、有其发生缘由的一种交易方式和经济类型。

从西镇集市对当地农村经济的支撑和其市场秩序的地方性建构中，我们可以窥探到，当前正处于从传统向现代过渡阶段中的中国农村经济，仍然以小农经济和传统集市贸易为主，但这不代表它完全与现代意义上的市场经济相左，市场经济最重要的秩序问题也是集市经济所要面对的。但是，集市经济及其市场秩序更多地依靠了内部的社会和文化力量，而不仅仅接受外部的价值规律调节与正式制度调控，这实则节约了社会的成本，取得了同样理想的效果。这整套机制专属于集市这种市场形式，具有自足并且自洽的逻辑。

既然农村集市对于当下的农村经济的意义仍然显得重要，那么农村经济的转型应该如何处理这样一种看似"落后"的交易形态呢？实际上，本书的目的重在提供一种视角，打开一片视域，让大家看到市场本身和正式制度之外的社会和文化因素对于经济的支撑，这无疑能为中国农村市场的发展探索提供些许参考，本书的现实意义也就足以体现。至于这套秩序的机制究竟是农村经济发展的动能，可以很好地促进城镇化转型，还是会阻碍农村市场打破小农个体经济的限制，走出内卷化的困境，我们还需要更多的比较研究和学科之间的合作与检视。

二、乡愁的承载体

值得一提的是，在如今这个自媒体时代，乡村地区的集市得到了意外的传播，无论是在短视频平台上，还是在微信公众号上，人们到集市上赶集的内容都受到热捧。在某种意义上，集市成为一种青年人寻觅传统、感受热闹、消解乡愁的场合，在其本来的经济与社会功能之外，生发出一种标志乡土气息和百姓生活的符号意象来，不带有任何"落后"的标签，反而令人心驰神往。在此意义上，农村集市也必将承载更为绵长的情感意义，成为乡村振兴战略时代象征着乡村社会精神家园的代表性符号。可以认为，当前的乡村集市不仅在乡村社会中继续发挥着不可或缺的补充性经济的作用，还逐渐具备了文化功能。

在意识到当前集市逐渐发展起来的文化功能之后，有的地方政府便顺势而为，一方面希望借此扩大乡村集市的交易类型，充实其经济功能；另一方面希望将其打造成一种定期的节日，作为新型的旅游项目，从而反哺经济功能。例如，云南和内蒙古一些地区就在传统集市中引入了二手市场、古着交易、地方特产品鉴会，用文化功能反哺经济功能，成为乡村旅游的典范。为此，地方政府还在互联网上将本地的集期做成一目了然的时间表，并用充满吸引力的文字、图片和视频向外推广。在此摘录两篇网络上对于当下农村赶集的生动描绘。第一篇展现的是离西镇不远的另一个中间市场的集市场景，作者抓拍到了街边的"能人异士"、巷口的补鞋匠、卖竹制品的杰哥、飞针走线的裁缝和街边剃头匠的工作瞬间，并配上相应的文字。第二篇呈现的是湖南浏阳地区的集市画面，表达了作者无尽的乡愁。

第一篇

早上八点过，仙龙镇的场就已经沸腾起来了。

盛夏季节，仙龙镇的场开始得特别早，早上刚 8 点过，乡亲们就从四面八方汇聚到了一起。

集市口，坐着的大多都是当地村民，卖的也都是自家摘种的新鲜瓜果和蔬菜，工具也简单，一杆秤、一张尼龙口袋、一个背篓，各自摆上自己的产品，没有过多的吆喝，只等着自愿驻足停留的顾客。

与集市口相比，集市中央的热闹更能撩起赶集人的兴致，各种招呼声、吆喝声不绝于耳。

还有那眼花缭乱的小商品，种类丰富的吃食，从锅碗瓢盆到框锄刀叉，从鸡鱼肉蛋到苗木瓜菜，每一样东西不仅藏着摆摊人的希望，更裹着赶集人内心的渴望。

市井长巷里，小人物与烟火气在相互交织。

市井长巷，聚拢来是烟火，摊开来是人间。没有画面时，这句话只有生活的意境，而当你走进画面时，这句话就变得生动有交织了。

那烟火是长巷里充满色彩和气味的柴米油盐，那人间则是装满了温暖和故事的"小人物"。

当烟火和人间真实的聚拢和交织时，我突然明白，生活有时需要轰轰烈烈，但有时也需要岁月静好，就像赶场这件事，虽然没有那么高端大气，也没有那么现代时尚，但它却承载了太多人的乡愁记忆和生活色彩。

赶场的快乐，只有去过的人才会懂。

看着那些手拿肩扛的乡亲，那些青春童年的回忆，就算不吃、不买，在集市上逛一圈，你都会觉得格外满足。

这种满足除了那人世间真实又温暖的归属感，更多的还是因为在这里你会发现，无论商品如何更迭，消费形式如何改变，只要有"场"赶，那时代的印记和热腾腾的烟火气就始终不会被磨灭①。

---

① 茶竹永川网. 早上7点的赶场，又一脚踏进了哪个仙龙镇崽儿的童年！[EB/OL].（2022-07-18）[2022-08-09].https://mp.weixin.qq.com/s/e7_lvAlWALyy9OLsCrQHng.

第二篇

出浏阳城往西，穿过蕉溪岭隧道，豁然开朗处，就是蕉溪镇的万丰湖。

湖的东边是水源村，每月逢七，国道旁的田地边，是这个村子的赶集之处。

而在湖的西边是蕉溪集镇，这儿赶集是每月逢十。

得半天闲时，于乡间拾穗，用镜头抓取一些照片，就是我在蕉溪村集的收获——在一个跟我日常生活不同的热闹场所，踩着他们的步伐，拾取了些许欢乐。

蕉溪人喜欢赶集，他们把赶集称之为赶场，在固定的时间和固定的场所进行商品交易。

天刚亮就有商贩早早赶来

摆好摊档等候生意

早餐过后

狭窄的田间土路上

或是三五成群，或是携老带幼

从四面八方围拢过来

远远就听到彼此的谈笑声

集市里的每一块空地都可以成为贸易地点

吆喝声、讲价声

声声入耳

左一眼、右一眼

满眼是人

有的人东挑西拣

买了想买的物品

大袋小袋提拿着回去

也有的人空手来空手去

只是享受于这儿每十天才有一次的热闹时光

在这个网购和交通非常方便的时代

为什么他们这么热衷于赶集？

当我多次轻轻悄悄地跟着熙熙攘攘的人流

融入他们的快乐之中后

我就想这可能是乡土的景致

是传承的习俗

是感情的交流

也是他们不舍的乡愁

梨膏糖、丝巾、甜枣……

平时常见的、不常见的

一应俱全

不起眼的物件也有属于自己的小舞台

别看摊子小

摊主大多深藏不露

这年头

没点本领

都不好意思出来摆摊

忙碌的摊主赶集的百姓

人们的生活习惯在集市中展现得淋漓尽致

各自不同的生活

却在集市里偶遇

赶赶集，看看热闹

也是一种平凡却真实的生活方式

蕉溪地处北乡

集场多为村集

规模不是很大

远道或近处奔来的村民

在小小的临时集市里

一个上午来来回回慢慢转上十来圈

直到中午

人们才四处散去重归平静

在浏阳，貌似除了东乡，其余地方都有赶集的习惯。听说南乡的牛马会和财神会是比较大型的集市，但我都不曾去过。而早在二十年前，我经常往来西乡，只要是逢场日，省道必然堵车，当时没有集市规划，都是在马路上赶场。我也是空手去的赶集人之一，因为顺道，多次在万丰湖畔的集市逗留。每每想起这么一段丰盛无比的记忆，总是意犹未尽①。

---

① 贺再亮. 赶集，一场不舍的乡愁！［EB/OL］.（2022-03-04）［2022-08-08］.https：//mp.weixin.qq.com/s/zz1dr4D3mjQH1wsHpzSbBw.

第三节 经济人类学的反思

一、"形式"与"实质"之争

经济人类学所讨论的重要问题之一是西方的经济原则是否适用于非西方经济制度，对这个问题的不同回答形成了经济人类学的形式主义和实质主义。形式主义的观点认为，经济就是资源的分配和积累过程，并由此发展起来一套"理性人""经济人"的理论体系，所有社会中的经济现象都可以用此加以解释，西方与非西方经济的区别只具有形式上的意义，在实质上并无区别。实质主义的观点则认为，经济活动并非都以利润为主要动机，在世界上还存在着不以营利为主要目的经济活动，它与前者有着实质意义上的不同。因此，我们不能简单地将适用于西方经济活动的市场经济理论用于其他民族和国家的经济研究。经济学的基本模型和稀缺性、经济化、分配法、极大化等概念只适应于市场交换体系，用这套术语来讨论部落经济等其他经济形式时忽略了由社会制度与文化传统所建构的交换行为的本质的不同。实质主义者主张人类学应该在收集不同生计手段的组织方式、交换方式之上进行比较经济学的研究，并由此提出如下七大主张：

第一，世界各民族的经济体制存在着差别，这是地理环境、自然资源进而其生产方式不同而产生的差异，这种差异导致经济类型与交换体系类型的不同。

第二，以工业化（乃至后工业化）和市场交换为特征的西方经济类型只是全人类众多经济类型与交换类型中的一种，并不是全人类共同的类型。因此，由西方经济类型与交换类型概括出来的理论不具有全人类的普遍适应性。

第三，西方经济类型及交换类型与非西方经济类型及交换类型并置于当代世界范围内，它们都存在于 20 世纪和 21 世纪，而不是非西方类型是西方类型的过去。将非西方类型看作西方类型的过去，是欧洲中心主义的看法，是用西方历史发展道路强加给非西方社会的表现。以为非西方一定要完全走西方的经济文化发展道路，这是单线进化论的一种"猜想"。

第四，在当代全球化和世界经济一体化的过程中，非西方的经济类型和交换类型无疑会受到西方经济文化的巨大影响，这种影响很重要的一个原因在于西方国家所执行的殖民政策和军事侵略政策，一些第三世界国家需要利用现代化的策略谋求自己的发展与生存。然而，即使在西方经济及科学技术乃至军事压力之下，非西方社会的经济模式也不会变成与西方社会完全一样的经济模式，而必然保存着自己民族文化刻在经济模式上的烙印。

第五，西方社会经济类型在与非西方社会经济类型的交流的过程中，也从对方吸取了某种东西进而发展了现代的经济理论，从而认识到无论是利己或利他、竞争或合作、消费或交换，都在相当程度上受到社会关系和价值体系的塑造。

第六，在一个社会中，经济类型与交换类型是"多重文化时空叠合"的，多数社会（除一些采集、狩猎社会外）都同时存在着多种经济类型与交换类型，即使西方社会也是如此。市场交换和工业化、后工业化只是一些发达国家的主导类型，故仅以市场交换为中心来概括并进行理论建构也是一个不够全面、不够准确的观察。

第七，人类学的视角需要综观全部人类历史，亦需要横扫全人类各种社会。经济人类学的目的不是仅从西方经济的视角去看这种理论到底是不是具有普适性，也不仅是从非西方社会提升出某种理论去反思西方经济理论（虽然这也是必要的），而是进行跨文化的比较研究，借各民族不同的创造经验提升出新的理论，进而概括出真正意义上的而不是西方中心主义的一般规律，这是经济人类学须臾不能离之的真正目标。①

关于世界各地的集市研究便是论证经济实质主义的一项重要内容。而经济形式论和经济实质论的争议，其背后潜藏的价值观是人类学对于西方中心主义式研究的反思，在这方面萨林斯是当代最具代表性的一位学者。不过，这位当代对人类学西方中心主义的批判、对现代性与传统"并接"的探讨、对人类学自身实践与书写过程中内嵌的殖民主义的反省、对西方宇宙观加诸人类学前进道路上的桎梏的击破最为踊跃积极的学者，竟然来自一个自负倾向与霸权主义最盛行的国度，这多少有点反讽。如果有"人类学的人类学"，那这个话题无疑是很好的"现代主义"题材。对于美国的人类学者来说，这种反讽既是一剂良药，也是一剂毒药，它的猛烈药性试图把被众人当作冠冕那套"范式"撕裂开来，露出久入鲍肆而不闻其臭的原罪之身。"范式的转换"是萨林斯以及前辈阿萨德（Talal Asad）、萨义德（Edward W. Said）等人共同执着的目的。

二、人类学研究的"甜蜜与悲哀"

萨林斯从接触卡尔·波兰尼（Karl Polanyi）的"经济实质论"那刻起便开始了对文化象征的思索，并鼓起勇气反驳西方的各种各样的功利主

① 朱炳祥. 社会人类学 [M]. 武汉：武汉大学出版社，2004：132-133.

义、社会决定论等，这条路走到后来，则必然性地对人类学学科本身开始做"知识考古"。他延续西敏司（Sydney Mintz）《甜蜜与权力》的旨趣，怀疑人类学存在的合理性与合法性，告知怡然的人类学者们他们的历史、他们的经济、他们的社会实践、他们讲的语言、他们祖先的神话，甚至他们童年时所听到的寓言所遵循的并不都是给予他们意识的规律①。考古的成果就是他在 1996 年发表的文章《甜蜜的悲哀》，这篇长论是其从文化唯物主义中脱身以来的最大胆的内心展示，不仅揭露资本主义的生成源于基督教宇宙观的文化逻辑，还对资本主义之下的人类学（还有其他社会科学）的内在生命判了灵魂上的鞭刑，揭示出西方人类学一直以来所进行的研究都是一种"本土人类学"，它从未得到过有关他者的地方性知识，要破除这个"本土性"无异于把人类学本身废除掉。西方学者（西方人）之所以迟迟对此没有认识，是因为其"中心主义"的根系扎得太深。列维-斯特劳斯对这种自知甚少的得意曾给以辛辣的讽喻：他们一面谴责着非西方的食人俗的同时一面浸淫在更野蛮的"吐人俗"。所以"甜蜜的悲哀"的内涵是广泛的，它至少有四层含义：①享乐（甜蜜）与负罪（悲哀）；②技术进步（甜蜜）与无尽欲求（悲哀）；③自由解放（甜蜜）与殖民剥削（悲哀）；④人类学的学科追求（甜蜜）与中心主义（悲哀）。

"文化符号决定论"是作为《甜蜜的悲哀》一文的认识论根基而存在的，在之前的《文化与实践理性》中，萨林斯已做了周密的论述。谈象征符号，首要与之形成讨论的是唯物论，它将物质环境视为社会逻辑，实践利益当先产生效果，结构与秩序才得以发生。与唯物论发生论战的主要是

---

① 米歇尔·福柯. 知识考古学［M］. 谢强，马月，译. 上海：生活·读书·新知三联书店，1998：272.

结构主义。英国结构主义是把结构当作经济活动的组织者,坚持实践利益依赖于现存秩序。它与唯物论相比无论是好是坏都是特殊的理论,都只能适用于不同的文化世界①,前者是资本主义社会的自我认知,后者是前工业社会的"总体性"特征阐释。接着是显得暧昧不清的法国结构主义,这主要就是列维-斯特劳斯的思想。他认为行动源自象征图式与文化秩序,当然文化结构的组合规则也要通过经验来发现,即文化作为实体,是经验和知识的结合体。

再来看人类学内部的两派之争,持技术决定论的摩尔根(Lewis Henry Morgan)认为人类社会是自然的附属品;与摩尔根截然不同的是博厄斯(Franz Boas),他认为是心理层面的概念图式与文化层面的概念图式同时决定了实践与实践活动。"时至如今,在如何看待人类学对象的本质这一问题上,发端于摩尔根和博厄斯著作中的那种根本分歧仍然贯穿于所有其他理论论战中。"② 但物质派在以后的人类学发展中一直都占据着主要位置:马林诺夫斯基的生物论,斯图尔特(Julian H. Steward)、怀特(Leslie A. White)等人对进化论的改造,盛极一时的生态学,以及在个体层面上否认物质论后又在社会层面将其复制出来的涂尔干(Émile Durkheim)社会学派都属此类。

除了博厄斯学派与列维-斯特劳斯,在其他人的研究中历史意图都被神秘化为实践的前提和自然界的前提,因此文化也就在从事自身再生产的行动中消失了③。面对兵临城下的物质崇拜者,萨林斯用最"物质"的方

---

① 马歇尔·萨林斯. 文化与实践理性 [M]. 赵丙祥, 译. 上海:上海人民出版社,2002:19.
② 同①:90.
③ 马歇尔·萨林斯. 文化与实践理性 [M]. 赵丙祥, 译. 上海:上海人民出版社,2002:181.

式反驳了物质。他用美国人的食物选择以及服饰系统问题引出自己的观点：在几乎完全同样的物质条件下，文化秩序和结局都可能完全不同①，生产、消费是文化意图，使用价值与商品价值都是象征性的，但并不是说把物质力量和物质制约排除在外，而是物质力量的影响结果依赖于它们的文化包容程度②。根据萨林斯的此结论，我们可以以《甜蜜的悲哀》中所指的各种甜蜜和悲哀展开解读。如前所述，甜蜜的悲哀具有四个层次。

第一层，西方人的基本宇宙观是一种"甜蜜的悲哀"。原罪观念是西方人无法摆脱的，但是社会正是在这种被定义为原罪的享乐与欲望追求中得到了发展，堕落的罪恶与堕落的快感出现了奇特的统一。作为一项蓄意的人类行为，亚当的罪孽在"上帝的至善与人类的巨恶"之间打开了令人悲伤的地狱③，那个被扭曲的苹果就是永世罪恶的滥觞。正是基督教宇宙观中的那种不幸观，为自由意志（free will）向理性选择（rational choice）的提升设下了想象的空间，为人类苦难造成的物质机会提供了一种更令人振奋的看法④。即使在文艺复兴与启蒙运动之后，亚当·斯密（Adam Smith）的经济学诞生之后，马丁·路德（Martin Luther）的宗教改革之后，韦伯（Max Weber）所谓的现代化的"祛魅"其实并未真正实现。

第二层，技术进步所捅出的欲求之篓也是一种"甜蜜的悲哀"。因为西方从亚当那里继承下来的正是肉体与精神的永恒博弈，既然无法摆脱，那就将其合理化，继续完善它、利用它。科学家如是，社会理论家如是，

---

① 马歇尔·萨林斯. 文化与实践理性［M］. 赵丙祥，译. 上海：上海人民出版社，2002：218.

② 同①：256.

③ 马歇尔·萨林斯. 甜蜜的悲哀［M］. 王铭铭，胡宗泽，译. 上海：生活·读书·新知三联书店，2000：4.

④ 同③：9.

哲学家也如是。"正当发达资本主义和工业革命逼近他们的之时，欧洲哲学家们通过发现肉体的需求与社会'进步'的同步增长规律，从而完善了数个世纪的负罪论。"① 然而历次工业革命带来膨胀的物质生活的同时，却产生了大量的预期外的后果，核威胁、全球性疫情、环境污染与生态破坏都是在满足物质欲求的过程中被"创新"出来的，这是人类逃不开的全新异化。

第三层，以自由之名尽剥削之能事也是一种不折不扣的"甜蜜的悲哀"。在西方的基督教宇宙观中，从亚当的堕落起就意味着人类将以自由作为追寻，但是西方人对自由的欲求使得他们不得不扩张自身的游乐场，并在这个过程中不断地向被占领之地宣传说：跟随我们，成为我们，你们面对的将是前所未有的自由。然而这份自由是否为他人所需，这份自由的代价又是什么，西方人并未做换位思考。其实，殖民时期（甚至现在）的西方式自由说到底是财富的无上限，即使拒绝了第一个让上帝不悦的亚当（伊甸园中），接受了第二个赋予金钱与消费新意义的亚当（亚当·斯密），人们还是快活不起来②。满世界兜售自由的西方人就一直在这种"叶公好龙"之癖中难以自拔。

第四层，人类学的学科追求与西方中心主义二者之间的关系更是一种甜蜜与悲哀的关系，这是萨林斯写作此文的根本落脚点。其实，在所谓人文社会学科中，人类学拥有的自知与反思是罕见的，这恐怕是它贡献给这个世界最好的知识和最强大的力量。但在西方，人类学的"解放"与"局限"乃双生儿，当它确立了文化相对主义与文化平等观的那一刻起，就在

---

① 马歇尔·萨林斯. 甜蜜的悲哀 [M]. 王铭铭，胡宗泽，译. 上海：生活·读书·新知三联书店，2000：20.

② WAZIR J K. On the sadness of sweetness [J]. Current Anthropology, 1996 (4)：664-665.

实际的研究中开始践踏自身的信念；当它正气凛然地宣称要以客观真实来求得领悟人类奥义的那一刻起，就被困顿在对西方世界的推崇中。"至少在文化研究中，我们不再可能知道完整的真理，或哪怕宣称接近它"①，但这并不是"部分的真理"所能解释和敷衍的。基督教宇宙观派生出来的"中心主义"是西方人类学的症结，它与生物学观念中的优势种、幸福观念中的个体远离自然、权力和秩序观念中的神创国家等不同形式的中心论同出一源且紧密缠绕。可以说，前面三个层次的甜蜜与悲哀共同围筑了人类学的困窘。"总而言之，堕落的亚当成了经验理解历史加逻辑的前提，在对客体的需求中他是有限而又痛苦的个体，因此，凭借它为其幸福所提供的不利或有利条件，他通过感官来对它进行认知。感觉和满足成了讨论肉体的知识理论之不断重复的内容，它看来是从迷恋自然转向迷恋资本所得出的恰如其分的哲学结论"②。人类学的困境有着如此复杂的根系，而它们扎进的其实是同一块土壤。当西方社会成为"社会化了的上帝"，将他者变成自我进行审视，就不仅仅是所谓表述与写作的问题了，而是在认识论上存在根本的困境，它被烙在了基因里。

可我们并未听闻西方人类学因这种困境而啼哭，毕竟反思才起步不久，跳出基督宇宙观对其进行旁观是极不易完成的。这种生长于文化根系里，绵延了几千年的"象征图式"过于顽强，被基督知识论封闭的西方人类学的反思长期停留在认知层面，而无法于实践层面完成超越。当《作为文化批评的人类学》与《写文化》两部著作对人类学学科的表述与写作危

---

① 詹姆斯·克利福德，乔治·E. 马尔库斯. 写文化：民族志的诗学与政治学 [M]. 高丙中，吴晓黎，等译. 北京：商务印书馆，2008：55.

② 马歇尔·萨林斯，2000. 甜蜜的悲哀 [M]. 王铭铭，胡宗泽，译. 上海：生活·读书·新知三联书店，2000：66.

机做出回应，并给出一些破除困境的指引时，萨林斯指出了这种更为根本的认识论危机："这好像其他民族是为了我们才建构他们的生活的，好像是为了解答西方种族主义、性别主论、帝国主义等邪恶才存在的。"① 他的意思是，在西方的人类学研究中，真正的关于他者的人类学从未真正存在过，因此所谓对自身的文化批评便显得不可信。那么，被消解得如此彻底的人类学究竟应该做什么？是什么？它的存在意义何在？这难免令人疑惑。《甜蜜的悲哀》给出了一部分答案。

书中，萨林斯将"民族志"作为人类学的唯一目标，并且诉诸文化的比较，认为在比较中，我们可以看到形色各异但通达互鉴的宇宙观："亚马孙河地区的人与美是同义词；东南亚地区罪恶外在于而非内在于自我（和社区）……"②。但是这种回答难免过于简化，历经了一百年的人类学在饱尝各种痛击与反省过后，居然被一句"人类学除民族志之外什么也不是"③ 就概括了它的全部所指？如此一来，人类学似乎成了为民族志而民族志，它唯一的作用仿佛是提供猎奇的材料供人赏玩。所以文化的阐释与反身性观照不能丢，但是应该如何超越基督教的知识论呢？换一种方式理解，那便是"去中心主义"如何在"抛弃先验性道德预设"这样干瘪的口号之外得到方法论上的操作呢？通过之后的《人类学启蒙》以及他关于历史人类学的论述，萨林斯可能暗示了某种可能的出路——关键在于将人类学的研究对象，即"文化"进行解构与重塑：

---

① 马歇尔·萨林斯，2000. 甜蜜的悲哀 [M]. 王铭铭，胡宗泽，译. 上海：生活·读书·新知三联书店，2000：115.
② 同①：104.
③ 同①：105.

因为谈到土著名族的历史能动性（可能确有其事），那就会忽略西方世界体系的专制，而因此在思想上阴谋促成暴力和支配。相反，如果我们讨论帝国主义的制度性霸权（可能也确有其事），那就忽略了人民为文化生存所进行的斗争，这样在思想上也可能促成西方暴力和支配。替代性地，我们可以使全球化的支配和地方性自治在道德上都有说服力……①

最近几个世纪以来，与被西方资本主义的扩张所统一的同时，世界也被土著社会对全球化的不可抗拒的力量的适应重新分化了。②

历史为我们呈现出一套新的文化、实践和政治结构……文化在我们探询如何去理解它时随之消失，接着又会以我们从未想象过的方式重现出来了。③

也就是说，西方人类学在面对学科的危机时（不管是表述危机还是认识论危机），学科内部的重组与革新都是无济于事的，破除基督教知识论的困境更是痴人说梦，但是通过研究对象的内涵再造从外部来转换方法论的操作是可能的。即以前的研究是"要么固执于传统，要么被现代侵蚀的非西方"和"非传统的现代式的西方"的对立，这两者都是自笛卡尔以来的惯常"二元论"做祟的结果，体现着传统与现代、西方与非西方，以及所谓中心与所谓边陲的割裂；而现在需要研究的是"传统与现代并接的非

---

① 马歇尔·萨林斯，2000. 甜蜜的悲哀 [M]. 王铭铭，胡宗泽，译. 上海：生活·读书·新知三联书店，2000：115.
② 同①：123.
③ 同①：141.

西方"和同样是"传统与现代并接的西方",即从以前的"镜子—照镜子的人"转向互相照镜子的两类平等主体。这就需要在单纯的共时性研究基础上,扩展"长时段"的研究,只要将时间拉得够长,我们就能看到文化与文明之间的相互连接与作用。在"长时段"中,一方面,社会的经验来源于各种文化之间长期的叠合、涵化,体现被时间所塑造的特性,形成一个力量稳定的充满习惯的场域;另一方面,实践行动理性的、自为的能力又使得文化的意义在经验脉络中得到重新评价,传统的文化范畴则因其包容性而不断扩大与再生产。前前后后的不间断的"规约"与"改造"的碰撞、磨合使得历史过程展示为一种结构的实践与实践的结构之间持续不断又相辅相成的运动①。对不同类型的文化都做这样的技术性处理是可行的,正如萨林斯所说:"在相同的总体方式上,所有这些过程仍然发生于任何社会,它们独立于文化的剧烈变异之外,只要抱有部分差别的观念与计划的行动者让他们的行动彼此相连——与一个可以证明是执着于理解一切相关事物的世界相连。"② 这样一来,非西方与西方的区隔被化解,研究者笔下的世界将呈现出内部的多样性,或是一幅找不到中心的均质化景象,书写中心主义的空间被压缩。具体的研究技巧则是后现代主义所提倡的历史与结构的并重、跨文化比较、宇宙观的置换思考、复调与对话、合作性文本,等等。

西方人类学产生危机的逻辑是:西方学者在面对非西方的社会文化却发现无法用西方理论做解释时,由于受到西方中心主义的桎梏,他们于是宣布非西方的社会文化是人类进化的遗留物。中国的人类学危机却完全相

---

① 马歇尔·萨林斯. 历史之岛 [M]. 蓝达居,等译. 上海:上海人民出版社,2003:232.
② 同①:326.

异，由于人类学是一种舶来品，因此我们在解释中国的社会文化时便不自觉地落入用西方理论去套用的圈套，但又囿于西方理论的不足，从而无法真正解释中国的社会文化。前者消除危机在于将非西方与西方进行归一化的处理，但后者面临除此以外的另类困境。

在这里，我们既有甜蜜也有悲哀，但不是"甜蜜的悲哀"，而更像是倒装——在他人的舞台上自认为主角，这是中国社会科学经典的一幕现代性景观。怎样才能化解目前中国人类学文化阐释的困境呢？国内学人在这方面已有一些探索，例如，将中国传统的精神内蕴与人类学结合起来，一方面是传统文化所带有的宇宙观价值对人类学情怀与使命的支持，另一方面是古代典籍思想中能够提供给人类学的一些文化概念与社会视角；立基于中国本土的田野调查经验，在田野过程中寻找自身特色的元概念和元话语，并将之结成一套契合历史与社会实践的逻辑体系；充分利用中国民族学的传统优势，把历史研究和马克思主义的优势继续保持，但是要谋求这两者的某种改造使其与新时代的人类学特色相融。这其实就是一个"人类学的中国体系"的建构过程，而不是还停留在以前所喊的"人类学的中国化"这样一个拖泥带水的层面上。不过这里并不否定西方人类学，并且应该看到西方人类学的出路的借鉴意义，否则我们就反过来进入了"中心主义"的谬误。

参考文献

阿诺尔德·范热内普，2010. 过渡礼仪 [M]. 张举文，译. 北京：商务印书馆.

埃德蒙·利奇，1991. 文化与交流 [M]. 卢德平，译. 北京：华夏出版社.

埃米尔·涂尔干，2000. 社会分工论 [M]. 渠东，译. 上海：生活·读书·新知三联书店.

安东尼·吉登斯，1998. 民族—国家与暴力 [M]. 胡宗泽，赵力涛，译. 上海：生活·读书·新知三联书店.

安东尼·吉登斯，2000. 现代性的后果 [M]. 田禾，译. 南京：译林出版社.

布罗代尔，2003. 15 世纪到 18 世纪的物质文明、经济与资本主义（第二卷）[M]. 顾良，施康强，译. 上海：生活·读书·新知三联书店.

蔡华，2015. 20 世纪社会科学的困惑与出路：与格尔茨《浓描：迈向文化的解读理论》的对话 [J]. 民族研究 (6)：37-58，123.

曹卫东，2005. 哈贝马斯在汉语世界的历史效果：以《公共领域的结构转型》为例 [J]. 现代哲学 (1)：51-58.

茶竹永川网，2022. 早上7点的赶场，又一脚踏进了哪个仙龙镇崽儿的童年！[EB/OL].（2022-07-18）[2022-08-09].https://mp.weixin.qq.com/s/e7_lvAlWALyy90LsCrQHng.

陈庆德，2001. 农业社会和农民经济的人类学分析 [J]. 社会学研究（1）：51-62.

陈庆德，潘春梅，2012. 经济人类学 [M]. 北京：人民出版社.

陈文超，2010. 实践亲属：乡村集市场域中的交换关系 [J]. 中共福建省委党校学报（4）：70-76.

杜赞奇. 地方世界：现代中国的乡土诗学与政治 [M]. 褚建芳，译. //王铭铭，2007. 中国人类学评论（第2辑）. 北京：世界图书出版公司.

方义，2008. 法律的生活与生活化的法律：常人方法论与我国的法治建设 [J]. 兰州学刊（12）：107-108.

费孝通，1998. 乡土中国 生育制度 [M]. 北京：北京大学出版社.

费孝通，2001. 江村经济 [M]. 北京：商务印书馆.

费孝通，张之毅，2006. 云南三村 [M]. 北京：社会科学文献出版社.

国家统计局乡村社会经济调查司，2020. 中国县域统计年鉴·2019（乡镇卷）[M]. 北京：中国统计出版社.

哈贝马斯，1999. 公共领域的结构转型 [M]. 曹卫东，等译. 上海：学林出版社.

哈里斯，1986. 夸富宴：原始部落的一种生活方式 [J]. 李侠祯，译. 民族译丛（6）：39-45.

贺雪峰，2000. 论半熟人社会：理解村委会选举的一个视角 [J]. 政治学研究（3）：61-69.

奂平清，2005. 华北乡村集市变迁与社会结构转型：以定州的实地研究为例［D］. 北京：中国人民大学.

黄宗智，2006. 中国的"公共领域"与"市民社会"？：国家与社会间的第三领域［A］//邓正来，亚历山大. 国家与市民社会：一种社会理论的研究路径. 程农，译. 北京：中央编译出版社.

霍奇逊，1993. 现代制度主义经济学宣言［M］. 向以斌，等译. 北京：北京大学出版社.

卡尔·波兰尼，2007. 大转型：我们时代的政治与经济起源［M］. 冯钢，刘阳，译. 杭州：浙江人民出版社.

克利福德·格尔茨，2014. 集市经济：农民做买卖时的信息搜寻［A］//马克·格兰诺维特，理查德·斯威德伯格. 经济生活中的社会学. 瞿铁鹏，姜志辉，译. 上海：上海人民出版社.

克利福德·格尔茨，1999. 文化的解释［M］. 纳日碧力戈，译. 上海：上海人民出版社.

克利福德·格尔茨，2000. 地方性知识：阐释人类学文集［M］. 王海龙，张家瑄，译. 北京：中央编译出版社.

克洛德·列维-斯特劳斯，1995. 结构人类学（第一卷）［M］. 谢维扬，俞宣孟，译. 上海：上海译文出版社.

克洛德·列维-斯特劳斯，2006. 结构人类学（1）［M］. 李幼蒸，译. 北京：中国人民大学出版社.

克洛德·列维-斯特劳斯，2006. 野性的思维［M］. 李幼蒸，译. 北京：中国人民大学出版社.

克洛德. 列维-斯特劳斯. 2005. 忧郁的热带 ［M］. 王志明，译. 上海：生活·读书·新知三联书店.

拉德克利夫-布朗，1999. 原始社会的结构与功能 ［M］. 潘蛟，王贤海，等译. 北京：中国社会科学出版社.

李景汉，2005. 定县社会概况调查 ［M］. 上海：上海人民出版社.

李正华，1998. 乡村集市与近代社会：20 世纪前半期华北乡村集市研究 ［M］. 北京：当代中国出版社.

梁克，2002. 社会关系多样化实现的创造性空间：对信任问题的社会学思考 ［J］. 社会学研究（3）：1-10.

梁漱溟，2006. 乡村建设理论 ［M］. 上海：上海人民出版社.

林均跃，2000. 企业赊销与信用管理（上卷）［M］. 北京：中国经济出版社.

刘少杰，2002. 后现代西方社会学理论 ［M］. 北京：社会科学文献出版社.

刘盛和，1991. 我国周期性集市与乡村发展研究 ［J］. 经济地理（1）：79-84.

龙登高，1997. 中国传统市场发展史 ［M］. 北京：人民出版社.

罗新慧，2002. 礼让与禅让：论周代"让"的社会观念变迁 ［J］. 社会科学战线（6）：143-147.

马克斯·韦伯，1997. 经济与社会（上卷）［M］. 林荣远，译. 北京：商务印书馆.

马林诺夫斯基，2002. 原始社会的犯罪与习俗 ［M］. 原江，译. 昆明：云南人民出版社.

马林诺夫斯基，2007. 西太平洋上的航海者 [M]. 梁永佳，李绍明，译. 北京：华夏出版社.

马塞尔·莫斯，2002. 礼物：古代社会中交换的形式与理由 [M]. 汲喆，译. 上海：上海人民出版社.

马歇尔·萨林斯，2000. 甜蜜的悲哀 [M]. 王铭铭，胡宗泽，译. 上海：生活·读书·新知三联书店.

马歇尔·萨林斯，2002. 文化与实践理性 [M]. 赵丙祥，译. 上海：上海人民出版社.

马歇尔·萨林斯，2003. 历史之岛 [M]. 蓝达居，等译. 上海：上海人民出版社.

马永辉，2005. 1949—1966 年苏北农村集市贸易变迁 [D]. 北京：中共中央党校.

米歇尔·福柯，1998. 知识考古学 [M]. 谢强，马月，译. 上海：生活·读书·新知三联书店.

米歇尔·福柯，2007. 规训与惩罚 [M]. 刘北成，杨远婴，译. 上海：生活·读书·新知三联书店.

钱穆，1985. 论语新解 [M]. 成都：巴蜀书社.

任剑涛，2002. 道德理想主义与伦理中心主义：儒家伦理的双旋结构 [J]. 中山大学学报（社会科学版）(6)：1-8.

盛洪，2006. 分工与交易：一个一般理性理论及其对中国非专业化问题的应用分析 [M]. 上海：上海三联书店，上海人民出版社.

施坚雅，1994. 中国农村的市场和社会结构 [M]. 史建云，徐秀丽，译. 北京：中国社会科学出版社.

石忆邵，1995. 中国农村集市的理论与实践 [M]. 西安：陕西人民出版社.

市场秩序状况调研课题组，1998. 当代中国市场秩序存在的问题、成因及对策 [J]. 教学与研究 (1)：15-19.

宋靖野，2019. "公共空间"的社会诗学：茶馆与川南的乡村生活 [J]. 社会学研究 (3)：99-121，244.

唐力行，2003. 商人与中国近世社会 [M]. 北京：商务印书馆.

铁锴，2009. 熟人社会及其根治的社会政治学分析 [J]. 河南大学学报（社会科学版）(3)：75-79.

王笛，2001. 跨出封闭的世界：长江上游区域社会研究（1644—1911）[M]. 北京：中华书局.

王铭铭，2003. 走在乡土上：历史人类学札记 [M]. 北京：中国人民大学出版社.

王铭铭，2005. 社会人类学与中国研究 [M]. 桂林：广西师范大学出版社.

维克多·特纳，2006. 仪式过程：结构与反结构 [M]. 黄剑波，等译. 北京：中国人民大学出版社.

吴晓燕，2008. 集市政治交换中的权力与整合：川东圆通场的个案研究 [M]. 北京：中国社会科学出版社.

吴毅，2002. 村治变迁中的权威与秩序：20 世纪川东双村的表达 [M]. 北京：中国社会科学出版社.

徐杰舜，2010. 人类学中国乡村学派初论：从费孝通林耀华先生百年诞辰谈起 [J]. 学术探索 (6)：71-77.

徐京波，2017. 从集市透视农村消费空间变迁：以胶东 P 市为例 [M]. 上海：上海三联书店.

许檀，1997. 明清时期农村集市的发展 [J]. 中国经济史研究（2）：21.

阎云翔，2002. 礼物的流动：一个村庄中的互惠原则与社会网络 [M]. 李放春，刘瑜，译. 上海：上海人民出版社.

杨海，2005. 浅析新旧制度主义经济学的差异 [J]. 生产力研究（1）：32-34.

杨美惠，2009. 礼物、关系学与国家：中国人际关系与主体性建构 [M]. 赵旭东，等译. 南京：江苏人民出版社.

易军，2008. 熟人社会中的关系与非正式纠纷解决 [J]. 云南大学学报（法学版）（5）：140-145.

贺再亮，2022. 赶集，一场不舍的乡愁！[EB/OL].（2022-03-04）[2022-08-08]. https://mp.weixin.qq.com/s/zz1dr4D3mjQH1wsHpzSbBw.

永川县县志编修委员会，1997. 永川县志 [Z]. 成都：四川人民出版社.

于建嵘，2001. 岳村政治：转型期中国乡村政治结构的变迁 [M]. 北京：商务印书馆.

袁礼斌，1999. 市场秩序论 [M]. 北京：经济科学出版社.

翟学伟，2004. 人情、面子与权力的再生产：情理社会中的社会交换方式 [J]. 社会学研究（5）：48-57.

詹姆斯·克利福德，乔治·E. 马尔库斯，2008. 写文化：民族志的诗学与政治学 [M]. 高丙中，吴晓黎，等译. 北京：商务印书馆.

詹姆斯·斯科特，2004. 国家的视角：那些试图改善人类状况的项目是如何失败的 [M]. 王晓毅，译. 北京：社会科学文献出版社.

张春，2021. 基于"地方空间理论"的集市空间建构研究：以鲁中地区周村大集为例 [J]. 民俗研究（2）：138-146.

张少强，古学斌，2006. 跳出原居民人类学的陷阱：次原居民人类学的立场、提纲与实践 [J]. 社会学研究（2）：107-133，245.

张小军，王思琦，2009. 咸与权：历史上自贡盐业的"市场"分析 [J]. 清华大学学报（哲学社会科学版）（2）：48-59，159.

赵旭东，2003. 权利与公正：乡村社会的纠纷解决与权威多元 [M]. 天津：天津古籍出版社.

中华人民共和国民政部，2015. 中华人民共和国政区大典·重庆市卷 [M]. 北京：中国社会出版社.

朱炳祥，2002. "全球化"与"本土化"相互关系的发生学阐释 [J]. 武汉大学学报（社会科学版）（5）：630-635.

朱炳祥，2004. 社会人类学 [M]. 武汉：武汉大学出版社.

朱晓阳，2003. 罪过与惩罚：小村故事（1931—1997）[M]. 天津：天津古籍出版社.

朱英. 论近代上海商人文化的特征 [J]. 社会科学研究（5）：97-102.

ALFRED GELL, 1982. The market wheel: symbolic aspects of an Indian tribal market [J]. Man（17）：470-491.

BOHANNAN PAUL, 1955. Some principles of exchange and investment among the Tiv [J]. American Anthropologist, 57（1）：60-70.

BRIAN SCHWIMMER, 1979. Market structure and social organization in a ghanaian marketing system [J]. American Ethnologist, 6（4）：682-701.

CAROL A H. Solving the problem of trust [A] // KAREN S, 2003. Cook trust in society. Russell Sage Foundation: 40-88.

CODERE H, 1957. Kwakiutl society: rank without class [J]. American Anthropologist, 59 (3): 473-486.

DARYLL FORDE, 1958. The context of belief: a consideration of fetishism among theYakö [M]. Liverpool: Liverpool University Press.

HAROLD GARFINKEL, 1967. Studies in ethnomethodology [M]. Cambridge: Polity Press.

MARSHALL SAHLINS, 1972. Stone age economics [M]. London: Tavistock Publications.

MAX GLUCKMAN, 1975. Essays on the ritual of social relations [M]. Manchester: Manchester University Press.

MAX GLUCKMAN, 2013. Order and rebellion in tribal Africa [M]. London: Routledge.

FITZ JOHN PORTER POOLE, 2002. Socialuzation, enculturation and the development of personal identity [A] //TIM INGOLD. Companion encylopedia of anthropology. London: Routledge: 831-837.

SPENCER J E, 1940. The szechwan village fair [J]. Economic Geography, 16 (1): 48-58.

LIAO TAICHU, 1946. The rape markets on the Chengtu Plain [J]. Journal of Farm Economics, 28 (4): 1016-1024.

TIMOTHY J F, 1988. Market relationships and market performance in Northeast Brazil [J]. American Ethnologist (4): 694-709.

TOPCU E U, 2006. Alternative shopping places: periodic markets in istanbul ［C］. Ersa Conference Papers. European Regional Science Association.

WAZIR J K, 1996. On the sadness of sweetness ［J］. Current Anthropology, 37 (4): 664-665.

WISEMAN R, 2019. Getting beyond rites of passage in archaeology: conceptual metaphors of journeys and growth ［J］. Current Anthropology, 60 (4): 449-474.